VIES IMPRÉVUES

FLORENT GEORGESCO

VIES IMPRÉVUES

BERNARD GRASSET
PARIS

Couverture : *Vers le haut* (1929), par Wassily Kandinsky (1866-1944).
Venise, fondation Peggy Guggenheim. © Roger-Viollet.

ISBN 978-2-246-83194-5

À la mémoire de Jean-Claude Georgesco

À Sybille

PROLOGUE

Je pourrais commencer par Jacko ou Pacha, les deux chiens, le grand et le petit, qui courent dans le jardin, se collent à la porte-fenêtre, nous fixent, implorent. Alors, bien sûr, la petite Malia se précipite, et les voilà au milieu de nous, comme pour compliquer encore la tâche à Tricia, attelée à la machine à crêpes, un œil en permanence sur sa fille, quand elle ne la tient pas dans les bras tout en continuant à faire ses crêpes et à parler au personnage le plus incongru de la pièce : moi, avec mon enregistreur posé sur un coin de la table, au rez-de-chaussée de la petite maison que Tricia et Kevin louent à L'Isle-sur-la-Sorgue, dans le Vaucluse, avec leur enfant de 2 ans, leurs deux chiens, leurs quatre chats.

J'ai rencontré Tricia Acket quatre mois plus tôt, en juin 2022. Des éducateurs des Matins bleus, une importante association d'éducation spécialisée de la région, m'avaient parlé de cette jeune femme dont l'enfance a été fracassée par la mort brutale de sa mère, quand elle avait 12 ans. Orpheline de père depuis l'âge de 3 ans, n'ayant d'autre famille qu'une marraine qui, dans les derniers mois, alors que sa mère venait de tomber malade, avait commencé à la dépouiller de ses biens, elle avait été placée dans un foyer de l'association, et c'est ainsi que l'équipe l'avait vue débarquer, dans un constant état de panique et de rage.

Les éducateurs passent leur temps à recevoir des enfants qui se tiennent à chaque instant au bord d'un gouffre. Certains tombent sans retour. Tricia, très jeune encore, a trouvé en elle on ne sait quelle ressource pour se relever, se faire une vie, être heureuse même, comme elle me le répétera. « C'est une fille étonnante », m'avait-on dit. J'avais demandé son numéro de téléphone.

Et, en ce jour d'octobre, je suis de retour dans la petite maison située au bout d'une impasse d'un lotissement excentré, près des rives de la Sorgue, pendant que Malia et les chiens courent à travers la pièce – le chat Tchouki, un instant, les rejoint avant de repartir à toute vitesse dans le jardin –, jouent devant l'écran géant, toujours allumé sur des dessins animés. Après les heures que nous avons passées ensemble en juin, j'ai eu envie de prendre des nouvelles. Tricia m'avait raconté son enfance heureuse, l'amour fusionnel avec sa mère, la maladie, la dégradation rapide. Et puis le choc, la mort, l'effondrement, les foyers, le sentiment de ne pas pouvoir continuer à vivre, avant que quelque chose, mystérieusement, ne s'apaise, ne se desserre, et que Kevin, Malia, la maison, les animaux ne deviennent possibles – cette vie comme resurgie, arrachée à ce que Tricia appelle le « noir ».

Elle m'a raconté les étapes de ce recommencement que plus personne, aux Matins bleus, n'osait espérer. Je confirme : c'est une fille étonnante. Ses récits trouvent en moi des résonances que je ne comprends pas tout à fait, mais elles sont puissantes, et elles ne passent pas. Je ne vais pas y chercher je ne sais quel moteur secret de ma propre vie. Je ne m'intéresse pas assez. Mais je ne peux pas écouter ce qu'ont accepté de me confier depuis deux ans Tricia et d'autres anciens enfants placés, Audrey, Jimmy, Schouka, Souleymane, comme tant d'autres que je n'ai fait que croiser, sans avoir envie de raconter leurs histoires. Que rien ne soit clos, qu'il y ait en permanence, dans les vies les plus abîmées, une issue, une échappatoire à tout ce qui détermine et paraît condamner à la destruction ; que l'on puisse dire : non, ça ne marchera pas comme ça, je reprends, je deviens quelqu'un d'autre, tant pis pour tout ce que j'avais cru être, pour ce monde que je croyais le mien, je m'en vais ; que l'on puisse renaître : rien ne me remue davantage.

C'est ce que je vois ici, dans la petite maison de L'Isle-sur-la-Sorgue. Une vie dont la banalité tient du miracle. Ce n'est pas elle qui était au programme pour Tricia. Mais le programme a changé. Et si, cinq mois plus tôt, Tricia était assise en face de moi, petite jeune femme au joli visage encore presque enfantin, concentrée sur ses souvenirs, le regard direct, parfois un peu embrumé, la voix presque blanche, comme craintive face au chaos auquel, à cause de moi, elle devait revenir – « il n'y avait plus rien qui existait autour de moi », disait-elle en parlant des mois qui avaient suivi la mort de sa mère –, aujourd'hui elle va et vient, s'active dans le coin cuisine, me parle, avec, j'imagine, sa voix de tous les jours, pleine de vivacité, de choses et d'autres, de ce qui se passe quand on a 24 ans, sans trop de moyens, et une famille à nourrir.

En ce moment, ce n'est pas simple. Kevin est pâtissier. Il se lève au milieu de la nuit, finit le matin à 10 heures, à midi certains jours. Quand il rentre, il dort un peu – c'est ce qu'il est en train de faire, à l'étage, pendant que je discute avec Tricia – et, à son tour, s'occupe de la petite. Ça va, il aime son travail. « Sa place est radieuse ! Il ne veut pas bouger », dit Tricia. Mais « tout va vite ! Après, il faut faire à manger, on mange, et hop, douche, dodo. Voilà le rituel. Je ne vois pas les mois passer ». Elle, elle travaille deux heures par jour dans un « ranch », à Graveson, pas trop loin. « Je suis palefrenière ! » m'avait-elle fièrement dit, la première fois. Nettoyer les box, distribuer le foin, les granulés... Vivre au milieu des chevaux, surtout. Il y en avait chez elle quand elle était petite, au temps de la grande maison que sa mère partageait avec d'autres membres de la famille, tout un monde joyeusement entassé, et ce pré autour. « Les animaux m'apaisent. » Elle n'imagine pas son avenir sans eux.

Mais comment faire ? « Je ne vais pas rester toute ma vie à travailler deux heures par jour ! » Ses patrons n'ont-ils rien de mieux à lui proposer ? Non, pour eux aussi les temps sont durs, il y a moins de clients, et tous les frais augmentent. De toute façon, ça devient trop difficile, au travail. « À force, je ne vais plus pouvoir faire le même métier. Les bras, le dos, je commence à morfler. Je prends de l'âge », ajoute-t-elle en riant. « Bon, je vais avoir 25 ans. Mais je morfle. C'est super physique. Tout le temps le même geste. Là, je crois que j'ai une tendinite au bras. J'ai super mal. Je galère. »

La semaine prochaine, elle a rendez-vous dans un fast-food de Cavaillon, pour travailler le soir, en plus de ses deux heures au ranch. Il y a eu des calculs un peu acrobatiques à faire : le boulot de Kevin, la crèche de Malia, matin et soir, la vie de la maison, tout cela s'emboîterait très bien avec ce nouveau travail, ils ont vérifié et revérifié. Donc, allons-y. « On verra comment ça se passe. J'ai signé pour deux mois d'essai. Si je suis trop fatiguée, j'arrête. Sinon… » Sinon, elle restera au moins un an à ce poste, pour pouvoir, le matin, aller travailler au ranch, et ensuite, eh bien, pourquoi pas un 35 heures au fast-food ? Et dans ce cas, on laisse tomber le ranch.

Je lui demande ce qui lui plairait là-dedans. La stabilité ? « Ah, oui ! » répond-elle aussitôt. Pouvoir compter sur un revenu fixe, suffisant pour mener leur vie comme ils l'entendent, sans avoir besoin de puiser dans les économies qu'ils ont commencé à réunir, ce qu'ils font aujourd'hui de plus en plus souvent. L'inflation rend la situation intenable. L'essence, la nourriture… « En plus, j'essaie de bien faire à manger. Je ne fais que du tout-maison. Donc, c'est encore plus cher. La dernière fois, j'ai fait du poulet à la crème. Malia s'est régalée. » C'est plus important que le fait de travailler ici ou là, avec des chevaux ou des hamburgers. Les économies, c'est pour pouvoir acheter, un jour, la maison qu'ils habitent. Donc, il faut continuer. Et finir par vivre mieux, par oublier les fins de mois. Plus tard, beaucoup plus tard peut-être, elle s'en fiche, il faudra revenir aux chevaux. Elle rêve d'ouvrir son propre ranch, un jour.

« Je ne sais pas si je vais aimer ce boulot. Parfois, malheureusement, on doit faire un travail qu'on n'aime pas. Mais il y a des avantages et des inconvénients. C'est comme ça, la vie », explique Tricia, sur un ton plutôt détaché, pas même fataliste : un ton doux, tranquille. « Sinon, tout va bien, me dit-elle un peu plus tard. Toujours aussi heureuse. » Et j'ai l'impression que ce n'est pas une bravade, que c'est ainsi, malgré les fins de mois, malgré les hamburgers : elle ne peut pas s'empêcher d'être heureuse. J'insiste quand même, pour être sûr de comprendre :

« Les affaires de boulot, vous trouvez ça secondaire…

— Oui, c'est ça.

— … par rapport au fait que vous êtes bien ici…

— C'est ça. Ma vie de famille.

— C'est le plus important ?

— Heureusement ! (Elle rit.) Heureusement ! »

Et elle rit encore. Je repense au « noir ». À la manière dont elle y avait été plongée d'un coup. Sa mère était tombée malade un an plus tôt. « Une boule à la gorge. » Cet été-là, Tricia était partie en colonie de vacances, impatiente de la retrouver au retour, de lui raconter, comme elle faisait toujours, mais ce n'était pas elle qui l'attendait à la descente du bus. Elle ne sait plus qui était là, le visage grave. « Ta mère est morte. » Quelque chose s'est fermé, racontait-elle en juin. « La petite fille contente, c'était… » Elle avait laissé sa phrase en suspens. C'était fini ? Et tout s'était enchaîné. La pièce où elle avait vu sa mère pour la dernière fois, dans son cercueil. L'enterrement. Et le foyer, et la rage. « J'avais tout le temps dans ma tête l'image de ma mère morte », m'a-t-elle répété.

Il y a ainsi des trous béants au cœur de toutes les histoires que j'ai recueillies. Quelque chose qui explose au début. Tricia, qui a aimé son enfance, l'a vue voler en éclats. Pour Audrey, Jimmy, Schouka, Souleymane, le bonheur, ou au moins la paix, et même, souvent, le simple fait de vivre, la possibilité, littéralement, de ne pas mourir, se sont inventés à mesure. Le bonheur était comme un vieux rêve inaccompli, une promesse qui ne leur avait même pas été formulée : ils le découvraient en étant projetés ailleurs, loin de la violence ou du délaissement qu'ils avaient toujours connus. Cette promesse, d'autres que leurs parents ont tenté de la tenir, avec les moyens du bord.

Les éducateurs servent à ça. Ils y réussissent ou pas, sont à la hauteur ou non – plutôt, en l'occurrence. Mais rien ne peut effacer les images du début. Les années que Souleymane refuse d'évoquer – il en a fait une condition pour accepter de me parler –, comme si sa vie avait commencé quand, à 14 ans, il a débarqué seul dans une gare française – la mort de ses parents, le voyage de la Côte d'Ivoire à la Libye, les camps, la brutalité des passeurs, la Méditerranée… Les violences et les abus que Schouka a subis durant sa petite enfance, auprès de sa mère, prostituée, démolie, « diabolique », me dira-t-elle, et d'un grand-père qui commettait sur sa petite-fille ce qu'il avait déjà commis, dans son enfance, sur sa propre fille. Les « géniteurs » de Jimmy – c'est son mot, il n'en veut plus d'autres – qui le frappaient si brutalement et si régulièrement que ses jambes continuent de le faire souffrir, après tant d'opérations. Ou Audrey qui, à 5 ans, allait à l'école pas lavée, pas nourrie, sans avoir pu faire ses devoirs, petite fille moquée par les autres enfants, regardée par les adultes comme si elle était déficiente, alors que c'était sa mère qui n'y arrivait pas, qui ne savait pas comment faire depuis le départ du père. Sa mère qu'elle aimait et avec qui elle ne pouvait pas vivre.

J'ai longuement discuté avec eux. Nous avons évoqué les foyers, les familles d'accueil, les études, le travail, l'argent, les projets, les amis, les amours, les voyages, plus souvent que les cataclysmes qui les ont amenés aux Matins bleus. Certains, comme Souleymane, ne voulaient pas raconter, ou effleuraient le sujet. D'autres étaient plus loquaces. Tous, pourtant, semblaient avoir fait le même choix de ne pas passer leur temps à y revenir, pour ne pas demeurer à jamais ces enfants maltraités, violentés, seuls.

« Je n'ai pas d'amnésie, d'oubli ou d'envie d'oublier, me disait Jimmy. Ce qui m'est arrivé petit, c'est ce qui a fait ce que je suis aujourd'hui. De toute façon, tout reste là. On avance avec. Mais ça n'a pas beaucoup d'intérêt. Il y a pire. Ok, on a eu de la violence, on s'est fait taper sur la gueule à coups de ceinture. Mais il y en a qui, malheureusement, ne s'en sortent pas. » Lui, si. Eux, si. Et c'est de cela qu'ils parlent, même si, à aucun moment, moi qui ne me suis pas fait taper sur la gueule, je ne pourrai oublier ce qui se tient à l'arrière-plan. « Tout reste là. » Mais tout se métamorphose, et c'est ce à quoi j'ai le sentiment d'assister quand je vois Tricia, Malia dans les bras, retourner une crêpe sur l'épatante machine que sa belle-mère lui a offerte à Noël, tandis que Malia s'agite, semble réclamer quelque chose, une crêpe vraisemblablement, mais non : sa mère la pose et la petite se précipite vers le frigo. Ce sera une tranche de jambon. « Elle adore », commente Tricia.

Ensuite, l'enfant court derrière les chiens, tente d'en enfourcher un – Tricia : « ce n'est pas un cheval ! » –, et les chiens courent aussi, la bousculent, se collent à elle, à moi, qui subis sur ma chaise les assauts du petit Pacha, foncent vers le jardin, jouent avec les chats, lesquels font quelques apparitions dans la pièce, sous les exclamations de Malia. Mais ce sont des animaux furtifs, et Malia retourne aux chiens, crie « Pacha ! Acko ! », ses premiers mots avec « papa » et « maman », ou se plante devant la télé, avant de repartir vers sa mère. Kevin, à l'étage, dort toujours. Je vais bientôt partir, sans l'avoir vu. Tout à l'heure, ils dîneront, il y aura des crêpes, et puis, comme

Tricia me le disait, la douche, le dodo, la routine, la merveilleuse routine.

Malia, en quatre mois, a beaucoup grandi. « Elle dépasse déjà les meubles, me dit Tricia en me montrant la table de la cuisine. Avant, elle ne dépassait pas. On se fie à ça, nous. » J'ai ces mots en tête en rentrant à l'hôtel, de l'autre côté de la Sorgue, que je longe un moment en regardant les canards, les rayons de soleil entre les branches, leurs reflets dans l'eau verte de la rivière. Je revois les marques qu'on faisait au mur, à la maison, pour nous observer grandir, mon frère et moi. On se fie à ça. On pense : c'est mon fils, c'est ma fille, et la vie avance. On fait quelques gestes dérisoires pour la retenir, qui sont aussi des gestes de célébration, parce qu'on n'oublie pas le noir, le chaos qui vous dévorait. On se dit : tout va bien, tout va encore très bien.

I

« *Ma mère, c'était le diable* »

Les Matins bleus, structure associative placée, comme toutes les entités similaires, sous la tutelle de la justice des mineurs et de l'ASE, l'Aide sociale à l'enfance[1], s'occupe de près de deux cents enfants, adolescents ou jeunes adultes, vivant dans des familles d'accueil, répartis à travers les sept foyers de l'association dans le Vaucluse et les Bouches-du-Rhône, parfois laissés dans leur famille mais sous la supervision d'éducateurs, ou, quand ils atteignent la majorité, logés dans des appartements où ils vivent de manière autonome, financés par Les Matins bleus et accompagnés par des éducateurs dans le cadre du « contrat jeune majeur », jusqu'à ces fatidiques 21 ans à partir desquels, en France, le système de protection de l'enfance n'a plus de prise sur vous.

1. Ancienne DDASS, l'ASE est à la fois le nom de la politique sociale, nationale, d'aide à l'enfance en difficulté, et des services, gérés par les Conseils départementaux, de prise en charge des enfants, soit directement – dans leurs propres foyers d'urgence –, soit par délégation à des structures comme Les Matins bleus.

À 27 ans, Audrey Brante est passée par la plupart de ces structures. Il n'y a que six ans que cette jeune femme énergique, grande, au regard lumineux, qui raconte sa vie avec une chaleur communicative, a quitté la dernière d'entre elles, un des appartements de l'association, et elle a gardé des liens étroits avec les équipes. « Quand ça ne va pas, m'explique-t-elle, je vais les voir, je discute avec un éducateur, même si je ne le connais pas : c'est juste le symbole de l'éducateur, celui à qui je peux me confier. C'est important pour moi. Au foyer, on a souvent l'impression que les éducateurs nous cassent les pieds, et en fait, oui, ils nous cassent les pieds, mais en fin de compte ils sont là pour nous faire avancer. À mon départ, j'étais contente, j'en avais marre de devoir tout justifier, de faire tout le temps attention, mais très vite je me suis rendu compte que ça me manquait. » Elle a ce petit rire soudain et bref qui est si souvent revenu dans nos conversations : « On ne peut pas avoir des éducateurs toute sa vie ! Mais moi ça m'aide. J'en ai encore besoin. »

Alors, quand, en septembre 2021, je lui ai proposé de venir avec moi dans le foyer de Saint-Rémy-de-Provence, la maison amirale de l'association – la direction y a ses bureaux –, où elle a passé son enfance avant de rejoindre le foyer pour adolescentes de Châteaurenard, à dix kilomètres de là, elle a sauté sur l'occasion. Nous nous étions longuement vus, dans son appartement d'Entraigues-sur-la-Sorgue, deux semaines plus tôt. Elle m'avait raconté sa petite enfance, sa mère dépassée, incapable de s'occuper d'elle, son placement et ces années aux Matins bleus qui lui avaient permis de s'arracher à un destin apparemment tout tracé, de se faire une vie dont, me dit-elle, elle est satisfaite.

Maintenant, elle se promène dans la maison, un ancien couvent plein de recoins, me montre une de ses anciennes chambres, le salon-réfectoire-salle de jeux où les gamins se retrouvaient le soir, m'entraîne sur la terrasse qui court le long du premier étage, rigole en voyant, en contrebas, des garçons jouer au foot. « C'était génial, ce terrain ! » Le long couloir, au rez-de-chaussée, lui rappelle le jour de son arrivée. Elle avait 6 ans et il lui avait paru « immense et sombre ». Elle se souvient : « On m'emmène au secrétariat et là, je tombe nez à nez avec un éducateur, Nicolas, qui me regarde, un grand sourire aux lèvres et dans les yeux. Je me suis dit : "Bon, je pense qu'on va bien s'occuper de moi." »

Et c'est vrai qu'elle a été heureuse ici. Le directeur des Matins bleus, Claude Robin, vient la saluer, évoquer des souvenirs avec elle. Elle lui avoue : « Vous m'impressionniez beaucoup ! Il fallait que je me tienne à carreau. » Claude, carrure de rugbyman, voix forte, regard intense, en impose, en effet. Mais aujourd'hui, il rit.

« Ça t'a réussi ! Mais, franchement, tu ne faisais pas beaucoup de bêtises.

— Un jour, quand même, tout le monde me cassait les pieds, à Châteaurenard, parce que je ne trouvais pas de stage. Ça m'avait énervée, j'étais partie. J'avais fait Châteaurenard-Saint-Rémy à pied.

— Oui, ta fugue ! Mais une fugue pour aller des Matins bleus aux Matins bleus… »

Nous nous installons à la grande table de la salle de réunion, à l'entrée du foyer, bientôt rejoints par l'un des directeurs adjoints, Philippe Ribellès, et une éducatrice, Nelly. Ils ont tous connu Audrey enfant. Ils parlent de sa vie ici, de ce qu'elle a fait depuis, de son métier, pas si loin du leur, puisqu'elle travaille dans une association qui accueille des enfants, handicapés, en l'occurrence. Avec son diplôme d'aide médico-psychologique, elle fait partie des réussites de l'association. Dans ce métier parfois si sombre, si angoissant, tant il faut affronter de douleurs, de ravages, tant il arrive que rien ne puisse empêcher l'effondrement d'enfants arrachés à des familles en morceaux, violentes, incestueuses, les Audrey, les Tricia, les Jimmy, les Schouka, les Souleymane rappellent aux éducateurs pourquoi ils font ce métier, me diront plusieurs d'entre eux.

Je suis venu ici pour ça, pour comprendre l'étrange alchimie qui les a conduits là où ils sont aujourd'hui, en partant de si loin. Trois mois plus tôt, la direction de la rédaction du *Monde* a lancé un projet dont j'ai pensé que je devais me saisir pour parler de l'éducation spécialisée, que je connais bien grâce aux récits de mon frère, qui travaille dans ce monde depuis longtemps, et dont j'admire l'engagement, la compassion, la lucidité. Ce qu'il m'a raconté au fil des années m'a toujours paru décrire, d'une manière qu'on n'entend pas suffisamment, je crois, l'intimité même de la société, comme mise à nu à travers les drames, la précarité, la force de résistance, aussi, dont cet univers est saturé. Il était temps que j'en transmette quelque chose.

Le projet du *Monde* consistait à publier, à l'automne, une série de cent reportages à travers la France, sur les sujets les plus divers. Nous serions, à ce moment-là, six mois avant l'élection présidentielle de 2022. Comment vivent les Français à la veille de cette échéance, que pensent-ils, que font-ils, qu'espèrent-ils ? Il y aura de tout dans ces « Fragments de France », portrait d'un pays par ses propres habitants – des ouvriers, des patrons, des stand-uppers, des châtelains, des bergers, des réfugiés, des vétérinaires… Et mes « enfants placés », selon le titre de l'article qui paraîtra fin octobre 2021.

Ou, plutôt, mes ex-enfants placés. C'est l'idée qui m'est venue tout de suite : parler de l'après. Selon un rapport de la commission des Affaires sociales de l'Assemblée nationale publié en 2021, 306 800 mineurs et 21 400 jeunes majeurs (les fameux 18-21 ans) dépendaient de la protection de l'enfance au 31 décembre 2018, soit 2 % des enfants présents en France – un enfant sur cinquante –, chiffre globalement stable depuis des années. De même que cette évidence : cela finit souvent mal. Un quart des personnes sans domicile fixe de moins de 25 ans, rappelle aussi ce rapport, sont d'anciens enfants placés.

Dans son livre *Dans l'enfer des foyers*[1], le travailleur social Lyes Louffok, qui a lui-même été placé durant dix-huit ans, note que cinq des terroristes qui ont frappé la France en 2015 étaient également passés par des foyers. Comment en serait-il autrement ? semble-t-il en permanence demander dans son livre, brûlot à la fois enragé et lucide, qui tient de la colère intime autant que du constat le plus implacable, et le plus désespérant, envers un système dont il décrit les failles, les absurdités, les crimes parfois.

Résumant son enfance malmenée et son entrée dans « le giron de l'administration », il écrit : « Jusque-là, tout va mal. Puis, à partir de là, tout va mal. Encore plus mal. » Injustices structurelles, violences des autres mineurs et des adultes, abus sexuels : l'enfer, oui, même si Lyes Louffok s'en est sorti – mais combien ont subi des dommages irréparables ? Un enfer que j'ai toujours eu à l'esprit durant mon enquête, que j'ai à l'esprit au moment où j'écris ces lignes, quand bien même j'ai découvert un monde plus contrasté.

Les errances de la protection de l'enfance sont un problème politique majeur. Lyes Louffok termine d'ailleurs son livre sur des propositions de réforme. Des travailleurs sociaux, des spécialistes de l'aide sociale, des politiques réfléchissent comme lui aux manières de sortir des impasses actuelles. Je n'ai quant à moi

1. Flammarion, 2014 ; J'ai lu, 2016. Le livre, coécrit avec Sophie Blandinières, a été adapté pour la télévision en 2021 par Akim Isker, sous le titre *L'Enfant de personne*.

que des histoires à offrir, des parcours singuliers qui échappent aux statistiques. Pourtant, je crois que les récits d'Audrey, Tricia, Jimmy, Schouka et Souleymane peuvent nourrir cette réflexion collective. Ce sont sans doute, malheureusement, des exceptions, mais elles permettent de rappeler que parfois, ça marche, et que c'est pour cela qu'il s'agit de se battre : pour cette reconstruction d'enfants blessés, qui auraient pu l'être irrémédiablement, cette bifurcation dans des destins qui paraissaient trop prévisibles.

Il n'y a pas d'autre but que cette guérison du traumatisme. Il est souvent manqué, et il ne faut pas cesser de dénoncer ces échecs. Il est parfois atteint, il ne faut pas non plus l'oublier. D'autant que quelque chose d'universel se joue dans ces histoires qui, en partant de l'horreur, débouchent sur le bonheur simple d'avoir des enfants, un travail, une maison, des passions – une banalité qui nous renvoie à notre propre vie, puisque nous avons la même. Sauf que nous l'avons souvent héritée sans avoir à y penser, alors qu'ils ont tout bâti. Nous nous rejoignons au carrefour : ils venaient de plus loin. Ils ont sûrement quelque chose à nous apprendre, sur la violence, l'injustice et l'espoir, sur la destruction et la reconstruction, quelque chose dont nous avons été protégés, mais aucune vie ne l'est au bout du compte, et ce chemin du tragique au banal nous concerne tous, nous qui ne pourrons éviter de l'emprunter, à un moment ou un autre, en sens inverse.

De ce tragique, toutes les maisons d'éducation spécialisée sont porteuses. Le tragique comme point de départ, et comme défi lancé, à travers les éducateurs, à la société tout entière. Beaucoup ne sont pas capables de le relever mais pourquoi ne pas aller voir du côté de ceux qui tiennent le coup ? La première fois que j'ai discuté au téléphone avec Claude Robin, quelques jours avant de le retrouver à Saint-Rémy avec Audrey et les autres éducateurs, il m'a parlé d'un reportage qu'il avait vu à la télévision : le portrait d'une jeune fille qui, une fois sortie du système de protection, n'avait plus rien et dormait dans une voiture. Le journaliste : à quoi ça vous a servi, ces années dans les foyers ? Moue de la jeune fille. La réponse paraît s'imposer, cinglante. Mais elle dit : « Je ne suis pas morte. »

Voilà notre métier, avait commenté le patron des Matins bleus : faire en sorte qu'ils ne meurent pas. Le reste vient en plus, quand c'est possible. J'avais mentionné Audrey, en disant quelque chose comme « elle réussit sa vie ». « Qu'est-ce qu'une vie réussie ? m'avait-il rétorqué. Ne pas mourir, c'est déjà bien. » À Saint-Rémy, je reviens sur le sujet. Que voulait-il dire ?

« Les traumatismes subis produisent souvent des pathologies mentales, m'explique-t-il. Et pour la pathologie mentale, il n'y a pas de solution. Il y a un accompagnement. Le principe des Matins bleus – ce n'est pas comme ça partout –, c'est qu'on ne choisit pas les enfants qu'on accueille. On a une place, on nous propose quelqu'un, on le prend. S'il y a plusieurs dossiers, on prend le premier de la pile. Sur quel critère on choisirait ? On n'est pas là pour éviter les situations difficiles. Mais la conséquence, c'est qu'on ne peut pas avoir une ambition démesurée pour des jeunes qui arrivent profondément traumatisés, rêver qu'ils obtiennent, comme Audrey... »

Grand sourire d'Audrey, assise avec nous à la table de la salle de réunion.

« ... une inscription sociale, un diplôme, un travail... Pour autant, il faut bien qu'ils vivent quelque part. Nous, on les accueille, et je m'énerve quand les gens nous disent : qu'est-ce que vous foutez, il va toujours aussi mal ! Ben oui, il est malade. Mais il a quand même un endroit pour vivre. Ils sont renvoyés des écoles, les services de psychiatrie n'en veulent pas... Ils restent avec nous.

— L'un des gros problèmes auxquels nous sommes confrontés, complète Philippe Ribellès, l'adjoint de Claude Robin, c'est que la pédopsychiatrie disparaît de plus en plus en France. Il y a une crise générale de la psychiatrie mais c'est encore pire pour les enfants. Les structures ne cessent de fermer, et des enfants qui, normalement, ne devraient pas se retrouver en foyer arrivent chez nous, avec des pathologies de plus en plus graves.

— En dix ans, deux groupes ont été fermés à Montfavet (le grand hôpital psychiatrique de la région, à côté d'Avignon), ajoute Nelly, 60 ans, éducatrice aux Matins bleus depuis trente ans. Résultat : avant, les enfants avec de gros problèmes psy, on en avait un ou deux par foyer. Maintenant, il y en a systématiquement cinq ou six, et ça peut devenir ingérable. Quand il n'y a qu'un cas, le groupe peut faire bloc. Là, ce n'est plus possible.

— C'est vrai, intervient Audrey. J'ai connu quelques cas difficiles. Tu te souviens de Melody ? demande-t-elle à Nelly, qui hoche la tête. Elle s'en était prise à moi, avec des menaces. Mais ça a été. Il y avait ce truc très familial. Chacun avait son caractère mais on était très proches les uns des autres. Elle n'avait juste pas sa place, elle perturbait la dynamique qu'il y avait entre nous. Nous, on restait soudés.

— Nous occuper de ces cas, quand il y en a trop, ce n'est pas notre métier, poursuit Nelly. Alors, il y a toute une remise en question. On fait forcément moins d'éducatif.

— On est simplement avec eux, reprend Claude Robin. On va à leur rythme. On voit ce qu'ils peuvent faire, ce qu'ils peuvent devenir. On ne les lâche pas. C'est ça, notre ambition. On leur offre un toit. On reste près d'eux. Parfois, ça change la donne. »

Il est inévitable que les choses, pour certains, tournent mal. Cinq ou six ans plus tôt, Nelly a été très violemment agressée par une adolescente du foyer de Châteaurenard, où elle travaille toujours. C'était la première fois de sa carrière. « On avait déjà eu un peu de violences, mais pas ça, dit-elle. Et je ne suis pas la seule. Elle a agressé une autre éducatrice de notre foyer, et une autre encore, là où elle a été placée après Les Matins bleus. J'ai porté plainte. Elle allait avoir 18 ans. Elle a pris six mois avec sursis, avec une obligation de soins. » Elle a ce commentaire laconique : « Ça me convenait. » Puis : « Si j'avais 40 ans, j'arrêterais, je ne serais plus éducatrice. Mais bon, la retraite approche… »

Claude et Philippe parlent facilement, eux aussi, de leurs échecs, et des drames qui émaillent l'histoire de leur association. Drames anciens, drames récents, plus nombreux. Comme l'histoire de ce garçon d'un de leurs foyers pour adolescents, deux ans plus tôt. 15 ans, lourd passif, violent, mais ça se passait à peu près bien au foyer. Seulement, il rentrait chez lui chaque week-end, « dans un quartier un peu compliqué », dit Claude. Il y a eu une confrontation avec un autre jeune. Il l'a tué à coups de couteau. « Beaucoup de coups de couteau. » Il est aujourd'hui en prison. « C'est évidemment un échec total pour lui d'abord, et pour nous. »

Ou cet autre adolescent, il y a plus longtemps, qui avait commis des attouchements sur un camarade. « C'était allé en justice, se souvient Claude. Donc on n'avait pas pu le garder. On en était désolés, on y serait peut-être arrivés. Après il a fait une attaque à main armée dans une bijouterie, et il a tiré sur une dame. Elle est morte. » Il est toujours en prison aujourd'hui.

« Est-ce que vous avez des tentatives de suicide ?

— Régulièrement.

— Réussies ?

— Non.

— Un jour, ça a failli, dit Philippe. Le jeune s'était pendu. Les parents de la famille d'accueil dans laquelle il vivait sont arrivés, je ne sais pas, dix secondes avant que ce soit trop tard.

— On l'a récupéré dans un foyer, continue Claude. On avait l'inquiétude permanente qu'il passe de nouveau à l'acte. On l'a gardé jusqu'à ses 21 ans.

— Vous avez des nouvelles ? Il s'en sort ?

— Il a toujours des problèmes psychiques. Mais, socialement, oui, ça va.

— En tout cas, ajoute Philippe, à ce niveau-là il s'en est sorti. Il a fait d'autres tentatives de suicide. Mais moins sévères. Et puis, ça s'est arrêté. Il ne pensait plus à ça. Il a pu apprendre à vivre avec, on va dire. »

Audrey n'est plus avec nous à ce moment de notre conversation. Chacun des journalistes travaillant aux « Fragments de France » devait être accompagné d'un photographe, et j'avais eu la chance qu'on choisisse pour moi Claudine Doury[1]. Claudine qui vient de nous rejoindre et a entraîné une Audrey un peu fébrile dans les étages – elle sera finalement ravie des beaux portraits que Claudine a faits d'elle, qui mettent en valeur son caractère, sa force, et le charme conquérant qu'ils lui confèrent.

Il était sans doute plus simple de parler d'elle en son absence, même si la perspective d'un symposium autour de sa « vie réussie » semblait beaucoup l'amuser. J'ai donc vite enchaîné sur la question qui est au cœur de ce livre, et que je n'avais pas cessé de me poser durant la conversation que nous avions eue chez

1. www.claudinedoury.com. Une partie de son reportage aux Matins bleus accompagne mon article sur le site Internet du *Monde* (« Fragments de France. Audrey, Jacques, Stéphane, histoires d'enfants placés : la possibilité d'une autre vie »).

elle : pourquoi certains s'en sortent-ils malgré tout ? Pourquoi Audrey est-elle devenue cette jeune femme volontaire, drôle, vive, angoissée, certes, doutant d'elle-même, mais sommes-nous tellement différents, vous et moi ? Je n'avais encore rencontré ni Tricia, ni Jimmy, ni Schouka, ni Souleymane. Aujourd'hui, je poserais la même question concernant chacun d'eux. Qu'y a-t-il en eux, qu'y a-t-il eu autour d'eux, pour qu'ils soient tous aussi déterminés ?

Réponse de mes trois interlocuteurs : on voudrait bien savoir. Il n'y a que des pistes. Ou du moins, déjà, quelques conditions préalables. Philippe Ribellès revient sur le tueur de la bijouterie. « C'était l'aîné d'une fratrie où il y avait de la violence, de l'inceste… Ce sont souvent les aînés qui subissent les plus gros traumatismes dans ce type de familles. Et quand le trauma arrive très jeune, bébé peut-être dans son cas, il est souvent irréversible. Le risque de déboucher sur la maladie mentale est très grand et… » Claude Robin finit la phrase de son adjoint : « Et, comme le disait Nelly, on n'est plus dans l'éducatif. » C'est un premier élément : le degré de destruction. Mais lui aussi est difficile à évaluer. Certains, qui n'ont pas subi ce que ce garçon a enduré, s'effondrent quand même, et d'autres tiennent, bien qu'ils soient aussi traumatisés que lui, comme, semble-t-il, cet adolescent qui s'est pendu.

Quand l'imprévisible règne à ce point, le temps devient le seul allié. Le temps de voir, la patience d'apprendre à se retrouver dans le chaos avant de commencer à essayer de construire quelque chose. Ça peut rater, il faut parfois repartir de zéro, tenter autre chose, progresser à tâtons, obstacle après obstacle. Mais sans cela, rien ne peut se passer, ou seulement le pire, comme dans le livre de Lyes Louffok. Philippe, évoquant l'adolescent qui en a poignardé un autre, souligne qu'il n'était chez eux que depuis un an. Claude ajoute : « Plus on accueille les enfants jeunes, plus on a de chances de modifier leurs trajectoires. C'est le cas d'Audrey, qui est arrivée quand elle avait 6 ans. Elle a vraiment grandi avec nous. Cela crée un attachement à la structure, aux éducateurs, beaucoup plus fort que pour quelqu'un qui débarque à 16 ans. »

Tous mes ex-enfants placés sont comme elle : arrivés gamins, et ensuite fortement attachés au monde que Les Matins bleus ont recréé autour d'eux. Un autre ancien de l'association me disait : « Je n'ai pas eu deux parents, j'en ai eu vingt ou trente. Quand on le prend comme ça, qu'on l'assimile comme ça, on peut avancer. » Aux Matins bleus, résumait-il, « j'ai vécu dans une famille nombreuse ». « Certains gardent des liens forts avec leur famille tout en étant chez nous, commente Claude. C'était le cas avec Audrey, et ça a été utile. Mais c'est parfois impossible, parce que la famille est trop mal en point, ou se désintéresse de ses enfants. En soi, ce n'est pas une bonne chose. Nous essayons de toujours préserver la possibilité de conserver un lien. Mais il arrive que cette rupture avec la famille libère un espace, permette aux enfants de s'inscrire ailleurs, de créer une sorte de famille avec leurs éducateurs. »

En échange, la structure doit rendre cette inscription possible en lui donnant le temps de se déployer. On ne joue pas un rôle familial si, justement, ce n'est qu'un rôle, et que les acteurs changent à chaque scène. C'est une fierté, pour Claude Robin, d'avoir réussi à maintenir une équipe stable depuis la création de l'association, en 1995. « Vous voyez : Audrey a 27 ans, mais nous (dit-il en montrant Nelly et Philippe), on est toujours là. Et cette permanence, ça permet de construire. Les enfants ont des tranches de vie entières avec les mêmes adultes. Là, on commence à pouvoir faire quelque chose, si on ne se plante pas. »

C'est d'autant plus vrai quand, à 18 ans, les enfants placés peuvent bénéficier d'un contrat jeune majeur, autre témoignage de la capacité que peut avoir une structure éducative à offrir du temps, en se battant, en l'occurrence, auprès de l'ASE, qui a toute latitude pour accepter ou refuser ce contrat, selon des critères d'évaluation du projet formulés par le jeune majeur qui changent d'un département à l'autre. Un rapport parlementaire de 2018 note d'ailleurs que cette disparité crée une injustice, le même projet pouvant, ici, vous permettre de bénéficier d'aides importantes – un accompagnement par des éducateurs, une subvention, dans certains cas un logement – et, là, être jugé insuffisant, ce qui met fin à toute aide. Au bout du compte, « 64 % des jeunes concernés se retrouvaient sans aucune prise en charge[1] » en 2022, écrit ma consœur Alice Raybaud.

Or le contrat jeune majeur se révèle décisif pour créer une transition, à un âge inférieur « à celui auquel la plupart des jeunes accèdent à l'autonomie », soulignaient les députés en 2018. Ils ajoutaient, à propos de ceux qui sont laissés à eux-mêmes à 18 ans – surreprésentés parmi les anciens enfants placés qui se retrouvent à la rue : « Il est demandé plus (d'autonomie, de maturité) à ceux qui ont moins (de ressources, de soutiens familiaux). » À l'exception de Tricia, qui n'en a pas voulu, mes interlocuteurs ont tous bénéficié du contrat. Grâce à leurs éducateurs, qui les ont aidés à former un projet et les ont guidés dans le dédale administratif, les accompagnant ainsi vers le cap ultime, celui où l'on est adulte non seulement parce qu'on en a l'âge, mais aussi parce qu'on en a acquis la force.

À un moment, un adolescent fait une incursion dans la salle de réunion. Un grand garçon massif à la voix douce, qui repart en s'excusant, avec un sourire intrigué pour l'inconnu présent dans la pièce, quand Claude lui répond qu'il est occupé.

« Lui, me dit-il, c'est Bob*[2]. Quand il est arrivé, il aboyait.

1. « Le drame des enfants placés lâchés à leur majorité », *Le Monde*, 5 décembre 2023. Chiffres tirés d'un rapport de la Direction générale de la cohésion sociale.

2. Les prénoms suivis d'un astérisque à leur première occurrence ont été changés.

— Il miaulait et il aboyait, complète Philippe.

— Il imitait les chiens et les chats. Mais très très bien. Franchement, on s'y trompait. Il y a d'autres enfants qui font ça, mais ils le font *en plus*. Lui, c'était son mode de communication.

— Il devait avoir 8 ou 9 ans quand il a été placé chez nous, dit Philippe. Quand il était dans sa famille, il vivait plus avec les chiens et les chats qu'avec les humains. Il est arrivé il y a quatre ans, je crois. Il a 12 ans aujourd'hui.

— La première fois que je l'ai vu, je me suis dit : Oh putain, qu'est-ce qu'on va en faire ? Un jour, on était au mas (une autre maison des Matins bleus, à Saint-Rémy), les voisins m'ont appelé parce qu'il hurlait à la mort dans un champ. Mais au bout d'un an, il parlait.

— Il vient de quel genre de famille ?

— C'est très lourd, répond Claude.

— Mère handicapée mentale, un grand-père…

— Incestueux.

— Et violent, alcoolique. Il y avait une grand-mère, la seule qui tenait à peu près la route. C'était son seul ancrage. Elle est morte récemment. On s'est dit : Aïe aïe aïe. Et c'est vrai qu'au début il a régressé. Mais ça va déjà mieux. »

Comment analyser un tel retournement ? Quels critères objectifs peut-on appliquer à quelque chose d'aussi inattendu que le passage de l'aboiement à la parole ? Claude et Philippe ont le sentiment que, pour Bob comme pour d'autres, les éducateurs ont fait ce qu'il fallait, avec talent, professionnalisme, et cette sensibilité à la douleur des autres sans laquelle ce métier n'a pas de sens.

Pourtant, rien de tout cela ne suffit. Certains anciens enfants placés se perdent, se retrouvent à la rue, s'enfoncent dans la maladie mentale, deviennent violents à leur tour, tuent parfois – dans certains cas, parce que les éducateurs, ou le système même, sont défaillants, comme le raconte Lyes Louffok, mais il arrive aussi que tout soit fait au mieux et que ça échoue. La recette manque, et il faut sans cesse recommencer, inventer de nouvelles règles, différentes dans chaque cas, même s'il reste vrai que rien ne pourra fonctionner s'il n'y a pas, d'abord, cette histoire de temps, cette longue pratique les uns des autres qui est le point de départ de toute évolution possible.

En définitive, chacun, quand il accomplit sa tâche avec honnêteté et conscience, fait ce qu'il peut, et cette incertitude contribue à rendre ces aventures uniques. Il n'y a pas tant d'occasions de côtoyer des miracles. Cette maison, comme beaucoup d'autres du même genre, en regorge, en même temps qu'elle regorge de drames. Elle est faite pour ça, pour permettre les uns et affronter les autres, en se tenant auprès de ces enfants cabossés, en ne les lâchant pas, comme le martèle Claude Robin, qui me disait aussi, à propos d'Audrey et d'autres « réussites » de l'association : « Ils sont responsables de ce qui leur arrive. Si nous pensions que nous en sommes responsables, nous serions à côté de la plaque. C'est l'enfant qui construit son projet, même s'il ne sait pas encore ce qu'il va construire. Nous non plus, mais ça ne nous dérange pas de ne pas savoir. On va voir où il peut aller. Nous sommes des révélateurs. »

Le temps porte tout, l'espoir et les métamorphoses, le frémissement de la vie et le refuge lumineux de l'inconnu, quand cesse la répétition du malheur. C'est à ce moment-là qu'il faut allumer son enregistreur et écouter les gens raconter le chaos et la suite. Je l'ai fait pendant deux ans, sans autre désir que de savoir comment ça s'est passé. Certains commencent leur vie en aboyant. Et puis ils se mettent à parler, et quelqu'un d'autre surgit, quelqu'un sort des décombres. Ceux-là détiennent un secret, qu'il faut recueillir. On verra bien à la fin si on y comprend quelque chose.

« J'avais 11 ans, un père violent, une mère alcoolique, violente aussi. Plusieurs signalements ont été faits, par des profs notamment. Il y avait la mauvaise odeur, la crasse, les bleus, l'envie de dormir, cette fatigue, cette grosse fatigue en permanence… Tous les signes de la violence parents-enfants, en fait. C'est comme ça que je me suis retrouvé aux Matins bleus. »

Fin mars 2022. Jimmy Luc est venu me chercher à la gare de Carpentras avec son petit van chargé de percussions et de déguisements de carnaval. Il vit dans un village près de là, quand il n'est pas à Marseille pour faire de la musique. Jimmy, 26 ans, grand, brun, athlétique, accent marseillais un peu estompé, tatouages en portugais aux avant-bras, joue et enseigne le samba – on emploie le masculin pour parler de la musique, le féminin pour la danse, m'apprend-il –, tout en travaillant dans le social, pour apporter un peu de stabilité à des finances en dents de scie. Deux ou trois semaines plus tôt, je l'ai eu quelques minutes au téléphone. Avant cela, Claude Robin et Philippe Ribellès m'avaient brièvement parlé de lui. Mais c'est la première fois que je le rencontre et je ne sais pas grand-chose, sauf le schéma habituel : le chaos des débuts, et les bifurcations qui sauvent.

Soit, comme je vais l'apprendre ce jour-là, le trajet imprévu des hôpitaux du Sud de la France où, enfant et adolescent, il a passé des mois de rééducation pour réparer son fémur, déboîté à force de coups, au Sambodrome de Rio de Janeiro, où, quand il avait 19 ans, il a défilé pendant le carnaval avec une des meilleures écoles de samba du Brésil. Nous nous sommes garés près de la place du 25-Août, vaste esplanade sous les platanes aux portes du vieux Carpentras. Les terrasses des cafés sont remplies, c'est le début du printemps, le soleil chauffe déjà. Nous nous installons à l'une d'elles et Jimmy commence tout de suite à me parler de son père et de sa mère – ses « géniteurs » –, de la petite maison HLM de Plan-d'Orgon, un village du Vaucluse, en face de Cavaillon, où il vivait avec deux frères et une sœur. « Tout est parti de là, dit-il. De Plan-d'Orgon. » Il ajoute : « J'étais le petit chat noir » – celui qui subissait plus que les autres. « Ça n'a pas d'intérêt », balaye-t-il vite.

Il boite encore un peu aujourd'hui. Il est question d'une nouvelle opération, qu'il remet toujours à plus tard. Il raconte l'alcool, le chômage, la négligence, la violence de chacun envers soi-même et les autres. Sa mère, pense-t-il, n'a travaillé qu'une fois dans sa vie, quand elle a fait la plonge dans un restaurant du village. Brève expérience, qui s'est soldée par un renvoi immédiat quand le patron l'a surprise en train de vider les fonds de verres. Là encore, c'est tombé sur Jimmy, puisque, pendant trois mois, elle l'a envoyé réclamer le chèque qu'elle continuait d'exiger, après un renvoi qu'elle estimait injuste. À chaque fois, bien sûr, le petit garçon rentrait bredouille, et les coups pleuvaient. Un prétexte comme un autre, glisse Jimmy.

Quant au père, Claude et Philippe s'en souviennent comme d'un des hommes les plus effrayants qu'ils aient eu à côtoyer. « Un ours, dit Philippe. Au moins deux mètres, très costaud, constamment agressif. » Une force de la nature. « Une erreur, plutôt », me dira Jimmy. Claude : « Quand on le rencontrait, on imaginait l'enfer que les enfants ont vécu. Je n'ai jamais vu autant de violence s'exprimer chez quelqu'un. » Il se rappelle ses mains énormes, puissantes. « Je me disais : si jamais il me chope, il me casse en deux. »

À l'époque, le père, agent de sécurité, toujours en mission ici ou là, sans compter les petits boulots qu'il prenait en plus, était souvent absent. Il ne fait pourtant aucun doute qu'il a été, dans la maison de Plan-d'Orgon, un des moteurs de cette violence généralisée, que la mère subissait, comme les enfants – Jimmy, en tout cas –, quand il rentrait à la maison.

« Il lui tapait sur la gueule à la mettre en sang, raconte Jimmy. Avec ses deux mètres, il faisait peut-être cent cinquante kilos. Elle, un mètre cinquante, cent kilos. Et il la frappait comme si c'était un bonhomme qu'il avait en face. Je me souviens d'un soir. Il tapait, il se déchaînait. Elle hurlait. Les flics sont venus mais ils sont restés sur la terrasse. Ils m'ont dit qu'ils n'avaient pas le droit d'entrer, parce que c'était un domicile privé. Moi je criais : "Bougez-vous ! Il va la tuer !" Ben non. J'ai dû m'en occuper moi-même. Je ne sais pas comment j'ai fait ça, mais j'ai réussi à faire sortir mon père. Ils l'ont pris, ils l'ont emmené plus loin. Ils étaient huit pour le tenir. Il a dû vouloir faire le beau. Il s'est pris deux coups de matraque. Ça lui a fait du bien, je pense.

— Il y a eu une procédure ?

— Non. Il n'y en a jamais eu. À ce moment-là, on ne faisait pas de procédures pour de "simples" violences conjugales. »

Il y a presque toujours, dans les histoires que j'ai entendues, quelqu'un qui sert de recours, quand les pouvoirs publics font défaut. Un recours inutile – au bout du compte, la violence ne s'interrompt que quand on arrête les auteurs ou qu'on met les victimes à l'abri – mais qui, par un geste soudainement tendre, un refuge qu'on offre quand tout explose, rappelle qu'il y a, dans le monde des adultes, autre chose que la colère, la haine, le désespoir, et que cette vie peut prendre fin.

Pour Jimmy, comme pour Bob, c'était la grand-mère maternelle qui jouait ce rôle. Installée à Cavaillon, de l'autre côté de la Durance, elle l'accueillait régulièrement chez elle, ou débarquait à Plan-d'Orgon quand il l'appelait. « Je pouvais lui téléphoner à n'importe quelle heure. "Allô, mamie ? Maman a bu, elle m'a tapé sur la gueule. – Bon, j'arrive." C'était bien. Elle lui disait ses quatre vérités, elle l'engueulait, elle n'avait peur de rien. Mais il fallait bien qu'elle reparte... »

L'école peut également, dans certains cas, représenter une échappée. Si Jimmy y était souvent intenable, il avait de bons résultats et était apprécié de ses instituteurs. « J'ai toujours eu de bonnes relations avec eux, souligne-t-il. En fait, j'ai toujours eu de bonnes relations avec les personnes plus vieilles. » Il précise en riant : « Je ne parle pas de mes parents... » Les instituteurs n'avaient pas la possibilité d'entrer dans la maison de Plan-d'Orgon mais, sans eux, qui aurait signalé la famille au juge des enfants, alors que les policiers eux-mêmes constataient l'état catastrophique de ce foyer et s'en allaient sans rien faire, et que les travailleurs sociaux ont pris leur temps avant d'agir ?

Il est vrai que le désordre familial ne leur facilitait pas la tâche. Les Luc remuaient trop pour ne pas passer sous les radars. Jimmy avait dans les 9 ans quand son père est parti s'installer avec une autre femme à Salon-de-Provence, à 25 kilomètres de la maison familiale. Quelques scènes de violence en moins, à ceci près que cette séparation n'a pas arrangé l'état de la mère, et que plus rien, ni grand-mère ni école, n'a tenu face à la forme renouvelée de débandade qui s'est alors enclenchée et a tout emporté. « En fait, résume Jimmy, ma mère s'est mise à déménager tout le temps. »

Un jour, elle rencontre un homme qui vit à Rouen. Aussitôt, elle désinscrit les enfants de l'école, et tout le monde part pour la Normandie : une nouvelle vie, qui dure quinze jours. « Les deux picolaient. Alcool

et alcool, ça ne marche pas. On est repartis. Moi, au moins, je lui ai pris beaucoup de sous, à ce type. Il avait des grosses bonbonnes en verre, celles où on faisait du vinaigre avant. Il y mettait ses pièces orange. Je les lui piquais. J'allais à la supérette, j'achetais des Dragibus. »
Il n'avait pas été totalement inutile, l'amant de quinze jours. Pour la mère, j'imagine, il avait d'abord servi à partir, à imaginer qu'on pouvait recommencer quelque chose ailleurs. Mais rien ne changeait. Donc : Plan-d'Orgon. Sauf que là non plus rien ne change quand ils reviennent. Il faut repartir. Ils s'installent peu après dans un village près de Toulon. Nouvelle vie, nouvelle école, etc. Retour un an plus tard.

Jimmy, à ce moment-là, a 11 ans. Il doit passer de plus en plus de temps à l'hôpital. Sa jambe, depuis le déboîtement du fémur, se déforme, une opération s'impose, puis des semaines de rééducation, qu'il va passer dans une clinique de Hyères. Hyères, c'est le Var. Il est loin de sa mère et de son père. Un peu de paix, sans doute. Mais l'essentiel se passe loin de lui, et il n'en a que des échos. Car on commence enfin à s'agiter autour de Plan-d'Orgon et de Salon.

« Il y avait toute une magouille, les signalements des instituteurs et tout ça. J'étais au courant. Mes géniteurs m'en parlaient quand ils m'appelaient. Je savais qu'ils allaient avoir un jugement, mais je ne pensais pas qu'on serait placés. Avant que j'arrive à la clinique de Hyères, on avait déjà eu des visites d'éducateurs à la maison, donc je connaissais un peu. Mais le placement, je ne savais même pas que ça existait. Et, un jour, je suis dans ma chambre, et il y a le téléphone qui sonne. C'était madame Rousseau, une éducatrice des Matins bleus, avec sa voix très énervante au début, quand on ne la connaît pas. »

Il l'imite : « Bonjououour, je suis madaaameu Rouououousseau du service machin des Maaatins bleueueus... » Il se marre.

« En gros, elle m'appelait pour me dire : "Quand tu rentreras, ben, en fait, tu ne rentreras pas chez tes parents. Tu vas aller dans une maison..." Je lui ai répondu : "Espèce de connasse, je ne veux pas te parler, allez, au revoir." Elle a rappelé. J'ai encore raccroché. Le troisième coup de fil, c'était Philippe Ribellès. Et là, ça s'est super bien passé. Il m'a dit : "Écoute, quand tu sors de là, je viens te chercher. Je te montrerai la maison où tu seras, l'école où tu seras, à Tarascon. On discutera." »

Entre-temps – mais cela, Jimmy ne pouvait pas le savoir –, la « magouille » avait atteint un paroxysme. Les éducateurs venus faire des visites – à Plan-d'Orgon et dans la nouvelle maison du père, entre lesquels les enfants circulaient – appartenaient à ce qu'on appelle l'Action éducative en milieu ouvert (AEMO), qui supervise des interventions à domicile, décidées par un juge des enfants, pour voir s'il y a ou non un problème à régler. Oui, il y en avait un, et un gros, si gros que la mission de l'AEMO était devenue impossible : le père avait fini par mettre dehors tout éducateur qui se présentait.

En conséquence, une audience avait été organisée dans le bureau du juge, avec le père et l'éducateur de l'AEMO chargé du dossier. Le père avait fini par renverser le bureau du juge en hurlant : « Moi, mes enfants, vous ne les placerez jamais ! » Je n'ai pas rencontré de témoin direct de cette scène. J'ignore comment on a réussi à le calmer. Ce que je sais, c'est qu'au bout du compte, un autre éducateur, toujours de l'AEMO, a été envoyé chez le père, et qu'il semble, au moins, avoir réussi à passer la porte. Peu à peu, alors qu'il constatait que la situation des enfants ne s'améliorait pas, il a même su convaincre le père de revenir chez le juge. Cette fois, Claude Robin et Philippe Ribellès étaient là, à la demande du juge, qui voulait accélérer : il était temps que Jimmy soit placé.

« Le père était furieux, raconte le directeur des Matins bleus. Ce qui nous a sauvés, c'est que ce n'est pas après nous qu'il en avait, mais après l'éducateur de l'AEMO qui présentait la situation. Il était à côté de lui, et je voyais le moment où il allait lui en retourner une. À la fin, le juge s'est débrouillé pour qu'ils ne sortent pas en même temps. Il ne fallait pas qu'ils se croisent dehors… »

Commence alors un long processus d'apprivoisement. Le juge peut bien sûr, en cas d'extrême urgence, décider d'un placement sans l'aval des parents, quitte à envoyer la police chercher les enfants. En l'occurrence, Jimmy, le « petit chat noir », est à l'abri à Hyères : il est encore temps d'essayer de trouver un accord avec les parents pour que les choses, ensuite, ne se passent pas trop mal. Dans cet esprit, Claude et Philippe vont recevoir le père, longuement parler avec lui – « on essayait aussi de discuter avec la mère, me dit Philippe, mais on n'y arrivait pas toujours, ça dépendait de son état » –, lui faire visiter le foyer de Tarascon, lui présenter les équipes.

« Ça l'a un peu apaisé, poursuit Philippe. Il continuait à menacer tout le monde, bien sûr. Il fallait qu'il domine, qu'il ait le sentiment de tout diriger. Mais finalement, on y est arrivés, à cette décision de placement, parce qu'on a accepté de mettre en place un protocole comme on n'en avait jamais fait. Par exemple, Claude devait l'avoir au téléphone très régulièrement. C'était son exigence principale : il ne voulait avoir affaire qu'au patron. On lui avait dit ok, on va faire ça. C'était assez absurde, mais c'était la seule manière qu'on avait de prendre les enfants sans rompre totalement leurs liens avec leur famille, alors on y est allés. »

Les frères et la sœur sont rapidement placés. Reste Jimmy, toujours à Hyères. Jimmy qui raccroche au nez de madame Rousseau. Jimmy qu'il faut apprivoiser, à son tour. Il n'allait pas renverser un bureau sur la tête d'un juge, mais, à 11 ans, c'était déjà un solide gaillard, du genre qu'il ne faut pas embêter. Or ça l'embêtait, ça l'embêtait salement, d'être arraché à cette maison que Claude qualifiait d'enfer. Pourquoi le « petit chat noir », le jeune garçon à la jambe folle, a-t-il commencé par se dresser contre une décision destinée à le sauver et qui, de fait, le sauvera ? Je n'en sais rien. Je constate sa réaction et je ne peux qu'en imaginer les raisons, à la suite des éducateurs, qui, eux aussi, constatent et s'interrogent.

Ce que je sais, c'est qu'il faut tout abandonner, sa maison, sa chambre, la terrasse où on joue le soir après l'école, quand tout se calme, que votre père n'est pas là, que votre mère dort déjà, on est dans son lit, dans sa vie, chez soi, un chez-soi qui le reste du temps vous écrase, où votre mère s'avachit dans le canapé, titube et frappe, et le père frappe et vous détruit, mais vous êtes là et le soir tombe. Il n'y a pas d'ailleurs. Vous êtes là et c'est votre vie, puis le silence se fait et tout s'apaise.

Il faut abandonner son enfance, son monde, ses espoirs, cet élan indéracinable que racontent beaucoup d'enfants battus : l'attente des moments où vos parents s'adoucissent, rient avec vous, vous offrent un cadeau, vous emmènent quelque part, vous disent qu'ils vous aiment, et comment ne pas croire qu'un jour ils comprendront ce qu'aimer signifie ? Devenu grand, Jimmy a dit à un de ses éducateurs : « Je n'ai pas eu que des moments difficiles avec mon père. » Il va falloir les laisser derrière soi, ces autres moments, oublier qu'on a cru que l'amour et la paix pouvaient l'emporter. « Mon père » deviendra « mon géniteur ». Jimmy sera quelqu'un d'autre. Le processus s'est enclenché. Il est âpre. Pour l'instant, Jimmy rue, proteste, engueule. On ne renonce pas facilement à soi-même.

D'abord, donc, l'amadouer, comme on a amadoué le père. Lui montrer que si sa vie va changer, bien au-delà de ce qu'il peut imaginer, il gardera la main, et qu'il y a quelque chose au bout. Pour le père, cela tenait du compromis, d'une forme de leurre également : dès lors qu'il avait accepté le placement, l'enjeu était de le tenir à l'écart pour éviter qu'il ne fiche tout en l'air, sans lui donner le sentiment d'être trahi. Pour le fils, il s'agit de tout autre chose. Il ne peut pas encore comprendre qu'il n'a plus rien à attendre de ses parents et que, s'il reste sous leur coupe, sa santé mentale peut être mise en cause, sinon sa vie. Il faut qu'il le sente, qu'il touche son avenir du doigt. C'est ce que lui propose Philippe : découvrir la texture et le goût de la vie qui s'annonce.

« Peu après son coup de téléphone, raconte Jimmy, je me suis fait virer de Hyères. J'allais me promener alors que je n'avais pas le droit, des choses comme ça. Ils m'ont renvoyé chez mes parents. Et, un peu plus tard, Philippe est venu me chercher. »

Une bonne part de ce qui va suivre s'est peut-être joué dans la voiture où le directeur adjoint des Matins bleus l'emmène ce jour-là, tant la relation qui se noue alors entre eux se révélera fondamentale durant les années que Jimmy passera aux Matins bleus, et au-delà, puisqu'ils sont toujours liés. D'ailleurs, Jimmy n'a qu'un souvenir flou du trajet, mais il revoit nettement Philippe tel qu'il lui est apparu – une première impression d'emblée décisive, que leur coup de fil, quand il était encore à Hyères, avait esquissée. Après tout, il ne lui avait pas raccroché au nez.

« Je me suis dit que c'était un mec sympa, un peu baba cool sur les bords, rassurant, explique-t-il. Il m'inspirait confiance. Maintenant, je dirais qu'il est ouvert d'esprit, qu'il comprend certaines choses que d'autres ne peuvent pas comprendre. Peut-être qu'il a eu… ben, je ne sais pas, des difficultés dans la vie, qu'il est passé par là, ou alors c'est juste le fait qu'il est éducateur, et qu'il a vu plein de choses. Je ne sais pas. Il ne m'a pas dit. Mais je crois que je sentais déjà quelque chose comme ça, dans la voiture. »

Les souvenirs de Philippe sont plus précis, bien que cette journée remonte à quinze ans. Il y a souvent, dans la vie des éducateurs, des relations qui marquent plus que d'autres, des scènes qu'ils retiennent longtemps, qui résument, sans doute, ce qui a compté pour eux dans leur carrière : ça sert à ça ce métier, se dit-on – à inspirer confiance à Jimmy, et à l'entraîner vers l'avant.

« C'était un début d'après-midi, commence Philippe. Il a tout de suite fait sa grande gueule : "Ouais, je veux bien venir, mais je ne resterai pas avec vous, je rentrerai chez moi." Ok, pas de problème : "Tu n'as pas besoin de prendre tes affaires. On va juste faire un tour, je vais te montrer." Je ne sais pas si nous sommes allés dans tous les collectifs de l'association, mais on en a vu peut-être deux ou trois. Et on a fini par la maison de Tarascon, où il était prévu qu'on l'installe.

« Dans la voiture, je me disais : là, c'est le moment de créer du lien, de susciter un désir de venir, une curiosité, au moins. De trouver un moyen pour qu'il y voie vite son intérêt. Et puis, c'est venu tout seul : on s'est mis à discuter musique. Il en écoutait beaucoup. Il m'a parlé de trucs… Comment dire ? Même moi j'étais trop jeune pour ça. Claude François, Sardou, des choses de ce genre. Il n'aimait que la variétoche française. »

(Commentaire de Jimmy, quand je lui rapporte ces propos : « Quel salaud ! Il a tout balancé ! Vous mettrez ça dans votre livre : Philippe, salaud !! Avec des points d'exclamation ! »)

« Peut-être que c'était la musique que son père écoutait, poursuit Philippe. C'est probable. Donc, on met la radio – Nostalgie, bien entendu – et on parle, on parle, de ça, de la musique qu'il aime, et de tout, peu à peu. Par exemple, ça faisait un moment déjà qu'il n'était pas allé à l'école, à cause de la rééducation. Je lui ai dit : il va quand même falloir que tu y retournes. Mais après, si ta passion c'est la musique, je te dis, franchement, moi aussi j'aime beaucoup la musique, et aux Matins bleus, on aime tout ce qui est artistique. On peut faire plein de choses. Si tu as des projets, on t'accompagnera. »

La maison de Tarascon, où ils finissent par arriver, est un imposant hôtel particulier, près du château médiéval qui domine le Rhône, façade classique, élégante, rien à voir avec ce qu'on imagine quand on pense à un foyer pour enfants placés. Jimmy, me dit Philippe, a été impressionné en la découvrant. Mais de cela non plus Jimmy n'a pas de souvenir précis. Peut-être toutes les images se chevauchent-elles dans son esprit, celles de sa découverte de la maison et celles de son installation, peu de temps après, comme doit se confondre cette première conversation sur la musique avec toutes celles qui suivront, pendant des années.

Ce dont, en revanche, Jimmy se souvient parfaitement, c'est qu'au retour Philippe lui a demandé : « Bon, alors, ça t'a plu ? Tu veux bien faire un essai ? » Et qu'il a répondu : « Oui. »

Quand une décision de placement est prise, l'accélération est vertigineuse. Soudain, un monde surgit, des éducateurs, des juges, des fonctionnaires en pagaille, des policiers, jusqu'au président du Conseil départemental, tutelle des maisons d'éducation. Il y a de la violence, des parents qui résistent et doivent se soumettre, parce que la loi entre dans le jeu, et que l'on passe d'un recoin souvent délaissé de la société à ses cercles les plus officiels, les plus majestueux aux yeux d'un enfant. On est arraché, projeté ailleurs. La vie ne sera plus jamais la même, et on n'a souvent que quelques minutes pour la cérémonie des adieux.

Grâce à l'intelligence de Philippe Ribellès, mais aussi à la situation baroque de la famille de Jimmy, le jeune garçon a eu un peu de temps pour réfléchir, imaginer, se dire qu'on lui laissait le choix, et prendre sa décision. Mais au bout du compte, c'est toujours la même histoire : à un moment, il faut tout laisser, et partir. Se retrouver tout à coup au milieu d'autres enfants, sous la tutelle d'adultes inconnus, souvent radicalement nouveaux pour vous dans leur manière d'être, de vivre, de parler, de vous regarder.

Et, dès lors, découvrir la paix. S'apercevoir qu'un abri existe, que les coups peuvent s'arrêter, qu'il y a autre chose devant soi. Un ancien pensionnaire des Matins bleus m'a raconté comment, quand il avait 4 ans, la gendarmerie avait débarqué chez lui pour les emmener, ses frères et lui, alors que le père avait été arrêté pour les viols commis sur sa grande sœur et que la mère s'était éclipsée. Il s'était réfugié sous la table de la cuisine, face à la porte d'entrée, derrière laquelle se tenait un de ses grands frères, fusil en main, tandis que les gendarmes tambourinaient.

« J'ai vu les gendarmes défoncer la porte. Elle a tapé contre le mur de la cuisine. » Une assistante sociale s'est approchée de lui pendant que les gendarmes immobilisaient son frère, l'a aidé à sortir de sa cachette : « Viens, on va te protéger. » « C'est le seul souvenir que j'ai de ma petite enfance », me disait-il. Ça, et les minutes qui ont suivi, à l'arrière de la camionnette des gendarmes, leur immeuble qui s'éloigne, qui disparaît, le McDo où le convoi s'arrête pour que les enfants mangent quelque chose, et ce sentiment qui envahit tout : « le soulagement ». « Je crois que je me sentais en sécurité pour la première fois. On aurait pu me mettre dans un container, à condition qu'il y ait d'autres adultes que mes parents pour s'occuper de moi, j'aurais été content. »

Il arrive que seule la violence puisse répondre à la violence. C'est de cela aussi qu'il s'agit dans ces histoires, de la brutalité du déploiement, autour d'enfants brisés, d'une force et d'une autorité dont naît parfois, quand tout se passe comme ça devrait toujours se passer, une douceur imprévisible. Un McDo, entouré de gendarmes. Une porte défoncée, une assistante sociale qui se penche et apaise. Philippe et Jimmy bavardant sur les routes de Provence, parlant de Michel Sardou, essayant de deviner l'avenir – de le rendre possible, pour commencer. Audrey qui voit le sourire de Nicolas le jour de son arrivée aux Matins bleus, et se dit : « Bon, je pense qu'on va bien s'occuper de moi. »

Lorsque, en juin 2022, je rencontre Schouka Nguyen, je ne sais pas grand-chose de la manière dont cela s'est passé pour elle. On m'a juste dit que c'était une fille intelligente, vive, énergique, qui s'en sortait bien après avoir subi des abus sexuels constants durant sa petite enfance. Je la retrouve à la terrasse d'une brasserie de L'Isle-sur-la-Sorgue, où elle vit, comme Tricia, avec qui elle a passé quelques années dans une famille d'accueil. Schouka, 24 ans, beau visage malicieux aux yeux vifs, jeune femme à la fois douce et chaleureuse, d'une énergie entraînante, parle avec faconde et un plaisir évident à raconter de sa vie actuelle, abondamment, et, un peu, de son enfance cataclysmique. Elle est à la fois professeure de danse et à la tête d'une petite entreprise de couture. « Je crée des pièces uniques. Je recycle du tissu, des robes, des rideaux, tout et n'importe quoi, et j'en fais des vêtements qui ont un certificat d'unicité. » Elle ajoute en riant : « Le certificat, c'est au cas où je serais connue dans dix ans. »

Elle a été placée quand elle avait 5 ou 6 ans, avec son frère Luan*, 4 ou 5 ans, dans un foyer d'urgence, à Avignon. En conserve-t-elle un souvenir ? « Ah oui, quand même. Ce sont des moments qui sont assez traumatisants, quand on y réfléchit. » Mais cela reste flou, sauf, après un moment de flottement, quand j'évoque Bernadette, une éducatrice qui travaillait alors dans ce foyer de l'ASE.

Bernadette est une des personnes qui m'ont parlé de Schouka. Vingt ans après, elle n'a pas oublié l'arrivée en catastrophe de ces deux jeunes enfants arrachés à un monde atroce et dont, mariée avec un éducateur des Matins bleus, elle a suivi le parcours. « Son frère était dans un état terrible, me raconte-t-elle. Il portait des bottines dont je me suis aperçu qu'on ne les lui enlevait jamais. Les lacets étaient tellement serrés autour de sa cheville qu'on a dû les découper. Sa cheville était tout entaillée… Schouka, elle, c'était un petit oiseau blessé. Elle était prostrée, comme résignée. En état de sidération. » Elle ajoute, avec cette sorte de joie étonnée que j'ai si souvent vue chez les éducateurs, quand je leur parlais de Schouka et des autres : « Je n'aurais jamais pu imaginer qu'elle deviendrait une jeune femme qui donne des cours de danse, qui fait de la couture… J'étais très angoissée pour ces enfants, qui avaient visiblement connu l'enfer. »

Et, donc, Schouka non plus, au bout du compte, n'a pas oublié Bernadette. « Mais oui ! Maintenant que vous me dites son nom, je me rappelle. C'est une femme formidable, qui nous a énormément aidés. » Difficile, bien sûr, de dire si elle se souvient d'elle au premier jour, quand les policiers de la brigade des mineurs l'ont emmenée au foyer, ou plus tard, pendant les semaines qu'elle y a passées avec son frère, ou ensuite encore, quand l'éducatrice prenait des nouvelles, continuait de veiller sur eux à distance. Schouka se souvient et ne se souvient pas, et son très jeune âge d'alors n'y est pas pour grand-chose – le jeune homme dont je viens de parler, qui lui se souvient si bien, avait le même –, d'autant qu'elle garde en revanche des souvenirs horriblement précis de ce qui se passait, avant, chez sa mère. Mais il y a eu cette rupture et elle en ressent encore le choc libérateur autant que déstabilisant.

Déstabilisant surtout, en tout cas au début, quand bien même le placement a interrompu des processus familiaux dévastateurs. Pour le jeune homme, le soulagement a été immédiat, mais pour d'autres il s'impose par étapes, irradiant peu à peu, de cette mise à l'abri urgente, vitale, à l'acceptation progressive de la vie nouvelle. Le jeune homme me disait ne garder que de bons souvenirs des foyers où il avait été placé. Peut-être ne se souviendrait-il pas d'une manière aussi nette du soulagement éprouvé le premier jour si ce n'avait pas été le cas. Schouka, lorsqu'elle raconte ses premières années de placement, commence au contraire par souligner ce qui n'allait pas, ce qui a entretenu en elle, pendant des années, une révolte généralisée, qui la dressait contre tout le monde à la fois, sa « famille famille », comme elle dit, et ses familles d'accueil, les éducateurs, les autres enfants.

Ainsi, quelques semaines après leur arrivée à Avignon, Luan et elle sont-ils confiés à une famille d'accueil, à Cavaillon, où ils vont rester un an. Mais, quand Schouka a 6 ou 7 ans, ils sont brusquement séparés, Luan se retrouvant dans une famille d'Orgon, elle à Beaucaire, chez Claire* et Aurelio*, avec qui elle va peu à peu nouer des liens puissants qui, à ce stade, importent peu : elle retient d'abord le choc de la séparation. Pendant les années qui suivent, elle voit Luan de temps en temps, mais l'éloignement est un fait, et un fait décisif, à cet âge. Ils grandissent à part, après avoir tant partagé, souffrance et survie mêlées. Ce qui rend selon elle particulièrement « idiote » la décision prise quelques années plus tard, qui, de fait, aura des résultats désastreux : on l'envoie rejoindre son frère à Orgon, où elle reste deux ans, avant de revenir chez Claire et Aurelio.

« Quelle idée ! La plus nulle de la terre ! commente-t-elle. Quand on voit qu'on a traversé une enfance très compliquée ensemble, qu'après on nous a séparés. Et après, on nous remet ensemble. Quand on est petit, je ne dirais pas qu'on oublie son frère ou sa sœur, mais on oublie sa présence. Ils ont pensé bien faire. Mais c'était vraiment une erreur, de réunir une fratrie qui avait été séparée très jeune. »

Encore une fois : à quoi tient la réussite de l'aide à l'enfance, et son échec ? Longtemps, tout pouvait arriver à Schouka, même un effondrement, et il y a quelque chose de saisissant à l'entendre parler de ce chaos comme si cette petite fille était quelqu'un d'autre. Désormais, elle avance. Elle crée ses vêtements. Elle danse. Elle vit avec son compagnon et leur chat. La vie est dure, mais elle rêve au succès. L'avenir est un champ des possibles, et elle entend bien ne pas passer à côté.

Il y a toujours derrière elle, bien sûr, une longue traîne d'angoisse mais, justement, c'est derrière et cela ne pèse plus, ou cela pèse moins. Le chaos s'est peu à peu estompé, la révolte est devenue une force. Elle a d'autant plus envie d'avancer, et d'avancer vite, qu'elle a tous ces souvenirs à ses trousses, sa mère, son grand-père, leur héritage monstrueux, son père aussi, qui vit près de là – il est chef cuisinier d'un restaurant des bords de la Sorgue –, son père qui a été, pense-t-elle, une victime de plus dans le long cauchemar qu'est leur histoire familiale.

Je sais qu'elle préfère parler de sa vie actuelle et de tout ce qui lui a permis de la vivre, d'ailleurs c'est ce que je désire le plus entendre, mais il faut bien raconter le reste, ce qu'elle finit par faire. Elle dit : « Ma mère, c'était le diable, si vous voulez. Un mélange du diable et du monstre du Loch Ness. » Le Loch Ness, c'est pour la suite : sa capacité à réapparaître sans cesse, menaçante, ravagée, ravageuse. Le diable, c'était d'emblée, dès la toute petite enfance de Schouka, qui précise vite : « Le pourquoi du comment on a été placés, c'était la maltraitance envers mon frère et moi, de la part de notre mère, de son ex-conjoint, et aussi du père de ma mère, qui faisait des attouchements sexuels sur moi. »

Mais elle ne veut pas en dire plus, parler de ces actes, et des coups, de la violence psychologique, dire si le grand-père est allé au-delà des attouchements, comme il l'avait fait, dans sa propre enfance, avec la mère de Schouka, décrire l'emprise constante d'une sexualité perverse, destructrice, sur la vie de cette famille, alors que les hommes passaient sans cesse, amants et clients de la mère, qui traînait dans les bars et y faisait « des choses quand même assez étranges, pas besoin de préciser, je pense ».

C'est de cette manière que le père a rencontré la mère. Dans un bar. Lui était arrivé du Vietnam peu de temps avant.

« Réfugié, bar, femme, voilà… Concrètement, je suis le fruit de la rencontre entre un client et une prostituée. Mais mon père m'a aimée dès le premier jour. Il est resté pour nous.

— Resté ? Ils ont vécu ensemble ?

— Non. Il ne pouvait pas rester avec une femme dangereuse pour lui-même comme pour moi. Il aurait pu me prendre avec lui, mais c'était très compliqué, je pense, avec les papiers, tout ça. Mais il a loué un appartement à côté. Il venait tout le temps me voir.

— Il est aussi le père de votre frère ?

— Oui, Luan et moi, on est du même sang. On a cette chance, au moins. Ça nous lie.

— Puisque vous avez un an et demi de différence, il y a quand même eu une forme de relation durable entre votre père et votre mère…

— Oui, ils ont bien dû faire… Je ne sais pas. Je ne sais rien de leur relation. Mais ils ont eu Luan, ça c'est sûr, ça se voit qu'il est mon frère, et que son père est vietnamien ! (Elle rit.) Tant mieux ! Mais qui dit que ma mère n'en a pas profité aussi pour avoir des allocations, tout ça ? Une femme peut utiliser un homme qui n'a pas de papiers, qui ne parle pas très bien français. En fait, j'ai compris ça en grandissant. Ado, je me disais, ils se sont fréquentés, ils ont été amoureux comme dans un film. Non, aujourd'hui, je ne peux plus me dire ça. Alors qu'elle a eu sept enfants, dont cinq avec d'autres hommes, qui ont tous finis placés, bien sûr. Non, je ne peux vraiment plus. »

Après la naissance de Luan, le père est parti chercher du travail à Paris, « pour subvenir à nos besoins », tient à préciser Schouka. Elle ajoute joliment : « C'était ma mère qui ne s'occupait pas de nous. » Il paraît crucial pour elle de souligner l'innocence de son père, impuissant à protéger ses enfants à cause de sa propre situation, d'une faiblesse qu'elle rapproche sans cesse de la sienne et de celle de son frère, une faiblesse d'enfant emporté comme eux dans un monde coupable. Quand il était à Paris, insiste-t-elle, « il faisait en sorte de revenir souvent à Avignon, pour nous aider, mais c'était très compliqué pour lui de s'occuper de nous d'un point de vue sentimental, affectif, etc. Il ne parlait pas très bien français. Maintenant, on le comprend un peu mieux. Mais à l'époque c'était très difficile. Il avait du mal à se faire écouter ».

L'amour était présent, grâce au père. Mais l'amour peut être impuissant. Le frère et la sœur restaient seuls face à une mère dont Schouka me dit : « Elle a été diagnostiquée pour plusieurs maladies mentales et physiques. Elle a depuis longtemps un problème de sang. Elle disait souvent qu'il lui restait cinq mois à vivre, ou cinq ans… Le problème, c'est que les maladies sont une excuse pour tout. Elle est très intelligente. Il y a plus de calcul que de maladie, en fait. Elle se sert de ça pour nous faire porter le chapeau, nous accuser de la négliger, de la manipuler. Alors que c'est elle qui manipule en permanence. »

Jusqu'à ses 10 ans, à peu près, Schouka a été forcée de la voir régulièrement lors de ce qu'on appelle des visites « médiatisées », c'est-à-dire en présence d'éducateurs. Une manière de conserver un lien entre parents et enfants, tout en se prémunissant contre les risques. À ceci près que l'éducateur peut s'absenter quelques minutes, et que cela suffisait à la mère de Schouka pour continuer son travail de destruction, volontaire – c'est ce que croit Schouka – ou non – il faut en maintenir l'hypothèse ouverte, tant le cas mental de la mère semble complexe. « Cinq minutes, c'est suffisamment long pour donner une petite claque. » Cela permet de tout faire pour maintenir la petite fille dans le monde détraqué auquel elle avait été arrachée.

« Elle me disait des choses assez graves pour une enfant. Je ne me souviens plus exactement. Mais c'était grave. Quand on a 8 ans, et qu'on nous parle de… Je sais que ça parlait de sexualité, que c'était sur ça, que c'était énormément sur ça.

— Vous ne disiez rien aux éducateurs ?

— Non. Quand on est petit, qu'on a toutes ces maltraitances, on ne va pas parler, on ne va pas dire (elle prend un ton pleurnichard) : “Maman, elle a fait ça.” Non, puisqu’on nous a appris à nous taire, on se tait. »

Sa mère se prostituait-elle encore à cette époque ? « Non. Enfin… Pas avec des inconnus. Avec ses anciens amants. Elle se servait de ses enfants : si j’ai une relation avec toi, tu pourras me donner tant, pour que je puisse subvenir aux besoins de mes enfants. Des choses comme ça. »

Avait-elle eu des ennuis avec la justice ? « Pas pour ce qu’elle nous a fait. Elle est allée en taule une fois, mais c’est parce qu’elle avait écrasé un flic avec sa voiture. Son ex-compagnon aussi, celui d’après mon père, est allé en prison. Je crois qu’il y est encore aujourd’hui. Il a fait subir des choses malsaines à mes petites sœurs. Avant aussi il y était, pour d’autres faits dont je ne me souviens plus. Le seul qui a été condamné pour ce que j’ai subi, et pour ce qu’il a fait subir à ma mère, c’est mon grand-père. Mais il est vite sorti.

— Vous avez de ses nouvelles ?

— Non. Je ne sais même pas où il habite.

— Il faisait quel métier ?

— Je ne sais pas non plus. J’ai oublié. Je pense que c’est volontaire. Je pense qu’une partie de mon cerveau a bloqué les souvenirs à son sujet. »

Elle ajoute : « J’ai arrêté de m’intéresser à eux. » Elle surveille sa mère d’un œil, sur les réseaux sociaux, parce qu’elle la sait capable de tout. Mais elle ne lui parle plus. Qu’auraient-elles à se dire ? Le Loch Ness est loin.

Souleymane, c'est différent. Ne serait-ce que parce qu'il ne s'appelle pas Souleymane. Il m'a demandé de changer son nom, de ne pas révéler où il vit, étudie, travaille. Ce que je peux dire, c'est qu'il avait 20 ans quand je l'ai rencontré, en mars 2022, qu'il est né en Côte d'Ivoire, a perdu ses parents, et qu'arrivé illettré en France à 14 ans, il a passé son bac et prépare un BTS. Et puis tout le reste, que, comme les autres, il m'a raconté en détail, dans un café du Sud de la France : comment on devient ce beau garçon rieur et sûr de lui, visage au couteau, stature athlétique, avec quelque chose dans sa manière de bouger, de parler, qui retient immédiatement l'attention.

Rien, en revanche, ou du moins aucun détail, sur le long trajet qu'il a accompli à 14 ans de la Côte d'Ivoire à la France, sur les camps de Libye, sur la traversée de la Méditerranée. Mettons que c'est arrivé à celui qui ne s'appelle pas Souleymane, au vrai Souleymane, qui ne se laisse jamais approcher de trop près. C'est à lui, et il veut garder la main. Maîtriser sa vie, maîtriser son passé. Continuer de se méfier, même si les bourreaux sont restés de l'autre côté de la Méditerranée.

J'ai rencontré Géraldine*, une employée administrative d'un des foyers par lesquels il est passé, qui s'en est beaucoup occupée et garde un lien d'amitié avec lui. Elle m'a parlé de cette constante vigilance, du mélange de volonté de contrôle et de crainte qu'elle lui a toujours connu.

« Il demande sans cesse des précisions, racontait-elle. Il aime comprendre, décortiquer les choses. Parfois je lui dis : à un moment donné, il faut un peu lâcher. Mais il ne lâche jamais. Ce qui le dérange le plus, c'est l'injustice, ça le met vraiment hors de lui. Il a toujours peur d'avoir raté quelque chose, et de s'apercevoir après coup que c'était injuste. Si on lui dit : "Ce n'est rien, ce n'est pas grave", il répond : "D'accord, mais pourquoi ?" »

Son histoire, pour nous, commencera donc dans une ville du Sud de la France, où il arrive par hasard, venant d'Italie, un jour de février 2016. « Je ne savais même pas si j'allais aller en France. Mon objectif, c'était de partir, je ne savais pas exactement où. Je suis juste monté dans ce train. » Première impression : il fait très froid. Il n'a qu'un pull sur lui, aucune affaire, pas d'argent, pas de téléphone, ne connaît personne, ne sait pas où aller. Alors, il reste dans la gare, dort dans les sous-sols, pour se réchauffer un peu. Un agent de sécurité, le deuxième ou le troisième jour, lui demande ce qu'il fait là. Il ne répond pas. Il n'a rien à répondre. L'agent s'éloigne. Il revient avec un café.

« Il était gentil », me dit Souleymane. Mais l'agent le laisse là.

« J'ai encore passé deux jours dans la gare et après ça je commençais à avoir vraiment trop froid, et je n'étais pas bien, je commençais à tomber malade. Je suis sorti, j'ai marché sur l'avenue qui était là, et j'ai vu un panneau, c'était marqué "Police". J'y suis allé. J'avais très mal. C'est là qu'ils ont appelé l'ambulance, et on m'a emmené à l'hôpital. Là-bas, j'ai dormi d'abord, j'ai beaucoup dormi. Puis ils m'ont fait des tests et tout, et ils ont vu qu'ils devaient me faire une opération. Ils ont fixé un rendez-vous. C'était plus tard. Du coup, ils ont appelé un foyer pour venir me chercher. »

Il va passer sept mois dans ce foyer d'urgence d'une petite ville proche. Il est opéré. « Quand je me suis réveillé, j'avais mal, mais ça n'a pas duré longtemps. En fait, j'étais guéri. » Une vie commence. Est-ce une vie nouvelle ? Est-ce, vraiment, autre chose que ce qu'il a connu ? Comment le saurait-il, comment pourrait-il en être sûr ? Évidemment, il se méfie.

« Je voyais des gens, des enfants, des adultes aussi, des bureaux, et tout, des trucs, je ne savais pas exactement ce que c'était, et puis une cour, qui était fermée, le portail était fermé. On n'avait pas le droit de sortir. Alors, moi... » Il s'interrompt, réfléchit. « J'ai fait des chemins, avant, des chemins comme la Libye, des trucs comme ça... Et là-bas, eux aussi gardent des gens, pas dans les mêmes conditions, bien sûr (il rit en disant cela), mais c'est pareil : le portail est fermé, tu n'as pas le droit de sortir.

« Donc je me posais la question : est-ce que ce n'était pas à peu près la même chose que là-bas ? Mais en fait, ça n'avait rien à voir, je l'ai vite compris quand même. On me donnait à manger. J'avais une chambre pour moi tout seul, alors que là-bas on était cinquante dans la même pièce, au moins. En plus, là-bas on te demande des sous. Ici, non, c'est le contraire, on te passe de l'argent de poche. Mais je suis resté méfiant longtemps, énormément méfiant », ajoute-t-il en riant.

Il voit l'évidence, constate que ces gens s'occupent de lui, veulent l'aider, qu'ils n'ont rien en commun avec les passeurs et les geôliers syriens – « ici, dit-il, ça parle quand même des droits de l'homme, ça, je l'ai vu » –, mais il ne connaît aucun code et, comme le disait Géraldine, il ne peut avoir la paix tant qu'il n'a pas compris ce qui se passe autour de lui. Il suffit qu'un peu d'ombre persiste. Les hommes sont des prédateurs. L'histoire de Souleymane, du Souleymane de 14 ans, celui qui a tout laissé, qui a traversé l'Afrique, la Méditerranée, l'Italie, sera pour un moment encore celle de cette proie apeurée.

Bientôt, il ira à l'école pour la première fois de sa vie. Ivoirien, il parle français, alors, dit-il, « quand les gens parlaient, ça allait, je comprenais bien, mais pour lire ou écrire, c'était beaucoup plus difficile ». Une femme vient évaluer son niveau, qui, naturellement, n'est pas brillant, et ses capacités – là, c'est autre chose. Son intelligence acérée apparaît tout de suite quand on discute avec lui. Aujourd'hui, bien sûr. Mais à l'époque aussi. Et son envie est déjà là, toute-puissante.

Il a commencé par voir que le foyer était le contraire des camps libyens. Il a poursuivi en se disant : c'est ma chance.

Il travaille avec cette femme, mais aussi le soir, lorsqu'il est seul dans sa chambre. Il travaille au collège, quand il y entre enfin, une fois son niveau évalué. Il travaille avec les éducateurs. Rien ne l'arrête à partir du moment où il a décidé quelque chose, me disait Géraldine. Pourtant, durant ces premières années en France, un détail peut le faire vaciller. Le doute, qui revient. L'angoisse d'avoir mal compris, de découvrir tout à coup les intentions malfaisantes derrière le soutien affiché.

C'est un camarade du foyer qui sert, cette fois, de déclencheur. Comme le dit Souleymane : « C'est juste un moment où… ben, ça s'est mal passé. » Parce que ce garçon, dont il saura plus tard qu'il avait de gros problèmes psychiques, l'a pris à part dans la cour, a murmuré « des choses qui… qui m'ont fait peur, quoi », et qu'il habitait dans le coin, avait ses parents, était né ici : il en savait forcément plus, pensait Souleymane, qu'un petit Ivoirien à peine débarqué de son train.

« Il m'a dit qu'ils allaient m'envoyer à l'hôpital, et que là ils allaient me rendre fou. Je l'ai cru. J'ai commencé à essayer de fuguer. Les éducateurs m'avaient annoncé qu'on allait me changer de foyer. Maintenant, je comprends. J'étais dans un foyer d'urgence. On n'y reste jamais longtemps. Mais à l'époque je ne savais pas tout ça. Ils m'avaient dit que je devais aller à X. (une petite ville, du Sud, toujours), ils m'avaient montré des photos. C'était un lieu isolé. Je me suis dit que c'était ce dont m'avait parlé ce garçon, que c'était là qu'ils allaient me faire du mal.

« J'ai voulu prendre rendez-vous avec l'ASE (l'Aide sociale à l'enfance), la tutelle, quoi. Je savais que c'étaient eux qui décidaient. Mais les éducateurs m'ont fait comprendre que l'ASE, je ne pouvais pas la voir. Si tu la vois, c'est pour des choses négatives, ça veut dire qu'il y a un souci. Alors que dans mon cas, selon eux, il n'y avait pas de souci. Je répondais : je veux leur parler quand même. Et comme j'insistais, ils m'ont dit : "On va chercher autre chose", et ils m'ont montré un autre lieu. Mais j'ai dit non aussi, parce que je ne connaissais pas. Je devais partir au mois de juin. On était en mai, et je ne voulais toujours pas y aller. Ça m'inquiétait trop, je repensais tout le temps à ce que ce garçon m'avait dit. Finalement, ça m'a énervé. »

Plutôt reprendre l'errance que de se soumettre aux manœuvres de ces hommes au double visage. Sa chambre, qui donne sur la rue, est au premier étage du foyer. Un soir, il n'en peut plus. Il saute par la fenêtre, mais se tord la cheville et se retrouve cloué au sol. Les éducateurs, qui accourent, n'en doutent pas : il a tenté de se suicider. Pompiers, hôpital. Une psychologue vient à son chevet.

« Je lui ai dit : ils veulent me rendre fou », raconte Souleymane en éclatant de rire. Je lui fais remarquer qu'il parlait pour la première fois de cette histoire à une adulte. « Ah oui, c'est vrai. » Dans les montagnes russes où il est embarqué, brusque remontée vers une forme de confiance. Il demande à la psychologue de contacter une éducatrice de son foyer, une des seules qu'il aime bien. Elle vient, il lui raconte tout.

Qu'en a-t-elle retenu ? La règle de discrétion voulue par Souleymane ne m'a pas permis de la rencontrer pour lui poser la question. Elle a vraisemblablement pensé qu'il était bien amoché – pas seulement de la cheville – et que l'hypothèse d'une tentative de suicide n'était pas absurde. Toujours est-il qu'un rapport en ce sens est rédigé à destination du juge, qui va enfermer l'adolescent dans un cercle vicieux. Il est placé à l'isolement dans sa chambre, au foyer. « C'était de plus en plus compliqué pour moi, se souvient-il. J'étais coincé là et je ne faisais rien. J'étais très énervé. J'ai commencé à forcer pour pouvoir sortir. »

Ce n'était pas de nature à calmer le jeu. On voit qu'il ne va pas bien. On l'isole. Il va encore plus mal. « Pour finir, ils ont appelé l'ambulance », conclut Souleymane, qui est emmené dans une clinique, où on lui administre des calmants. Il se retrouve même, me dit-il, attaché à son lit. Exagération de Souleymane ? Réaction disproportionnée de l'équipe médicale ? En réalité, il se débat pour comprendre. Mais comment le deviner, derrière la fureur et la panique ? Il y faut du temps, qui a peut-être manqué au personnel de son premier foyer comme à celui de la clinique où le voici, donc, attaché à son lit.

Pourtant, le processus est enclenché. C'est le juge, appelé par le foyer, qui avait décidé de le placer en observation dans cette clinique. C'est lui encore qui va prendre une décision dont la suite montrera qu'elle était salutaire, sans doute grâce aux rapports de la psychologue de la clinique, qui rend tous les jours visite à Souleymane. Et, même si, dit-il, « je ne parlais pas trop de tout ce que je pensais », elle semble avoir au moins compris qu'il fallait essayer autre chose. Un nouveau foyer d'urgence fera l'affaire, en attendant une solution plus durable.

« J'y ai passé trois mois. Quand je suis arrivé, ils m'ont dit : "Nos collègues n'ont pas choisi ces foyers parce qu'ils en avaient envie, ils ont choisi parce que ça dépend de la disponibilité des places. Le juge décide en fonction de ça." C'est ce qui m'a rassuré.

— Pourquoi ?

— Eh bien… Ils m'ont expliqué de A à Z, quoi.

— Avant on ne vous avait pas assez montré comment le système fonctionnait ?

— Exactement. Ils ont été mieux. Et après, j'ai eu confiance. »

Deux foyers ont des places disponibles : de nouveau ce lieu isolé qu'il craignait tant, et un autre, dans une autre petite ville du Sud, dont on lui montre des photos. La maison lui paraît moins effrayante. Surtout, on lui propose d'aller la visiter. « En plus, ils m'ont dit : "Si tu n'aimes pas, tu peux refuser." J'ai dit ok. Alors on y est allés. Quand on est arrivés, les éducateurs étaient en réunion, tout le monde était là. Ils m'ont expliqué certaines choses. Ils m'ont passé un numéro en disant que si j'avais des questions je pouvais les appeler. J'ai vu tout de suite qu'il y avait beaucoup de différences avec mon premier foyer d'urgence. En plus, ils m'ont montré les chambres, ils m'ont montré les autres enfants, ils m'ont montré le jardin. Ça m'a donné envie de venir.

« Je suis encore resté un mois, ou quelques semaines, au foyer d'urgence. Au nouveau foyer, ils m'avaient dit que, si je voulais venir, il fallait que je vienne tel jour. Et que si je ne voulais pas, il fallait que je prévienne, pour qu'un autre enfant puisse prendre la place. Je les ai appelés, j'ai dit : "C'est bon, j'ai pris ma décision, je viens." Et je suis arrivé. »

Souleymane va rester dans ce nouveau foyer jusqu'à son bac, avant de signer un contrat jeune majeur, de s'installer dans un petit appartement appartenant au foyer et de commencer un BTS en alternance, qui lui permet de vivre mieux qu'avec le pécule de 400 euros lié au contrat. À 20 ans, il peut encore rester un an sous la tutelle des éducateurs, mais ce mot lui va mal : il mène déjà sa vie comme il l'entend, au point qu'on oublie vite, quand on parle avec lui, que six ans plus tôt il apprenait à lire, se demandait si les gens qui l'approchaient ne cherchaient pas à le rendre fou et se jetait par la fenêtre. Mais il ne voulait pas mourir. Il voulait juste fuir, comme il n'a cessé de le faire, depuis la Côte d'Ivoire.

Tout va très vite avec lui, même ses récits. Qu'a-t-il pensé de la vie au foyer ? « Ça allait, j'étais content. » Rien à redire, ou pas grand-chose, quand mes autres interlocuteurs me décrivent les hauts et les bas, les éducateurs avec qui on accroche et ceux qu'on aime moins, les autres enfants, les amitiés, les bagarres, les drames parfois, l'école, et d'autres enfants, ceux de l'extérieur, le regard qu'ils portent sur eux, les professeurs aussi, la question du regard, là encore, toute l'agitation d'une vie d'adolescent projeté dans un nouveau monde. Ils en parlent avec une sorte d'étonnement rétrospectif. Ils savent aujourd'hui à quel point cette expérience était unique, bizarre, riche. Ils veulent comprendre, ils examinent.

Pas Souleymane. Rien de tout cela ne compte vraiment pour lui. C'était bien, voilà tout. Comprendre : il a pu en tirer tout ce qu'il devait en tirer. Les éducateurs ? « Si j'avais besoin d'aide ou de conseils, ils étaient là. » Il voyait bien les différences et, avec l'acuité qui est la sienne pour jauger les gens, devinait les caractères, les histoires de chacun. Sans doute savait-il aussi en jouer mieux qu'un autre. « Chaque éducateur a un point fort, sur un truc particulier. Celui qui sait jouer au baby-foot, il nous fait jouer au baby-foot. Une autre sait dessiner, on dessine avec elle. Il y en avait un qui faisait tout le temps des blagues. Un autre, il adorait les animaux, il nous faisait des sorties, tout ça. »

D'autres, ou les mêmes, l'aidaient dans ses devoirs, qui sont vite devenus l'essentiel. Souleymane n'analyse pas ce qui s'est alors déclenché en lui. C'est trop proche, il n'a pas eu le temps d'y réfléchir, ou bien il s'en fiche. Il a suffisamment vu les gens, dans les situations les plus différentes, souvent les plus paroxystiques, pour savoir qu'on se conduit comme on peut, avec ce qu'on a en main. Il avait ça en main, cette capacité à se transformer d'un coup.

C'est ce qu'il fait quand il passe la porte du foyer, qu'on l'inscrit dans le collège de la petite ville et qu'il s'y met, avec une prescience immédiate de la chance offerte. Il va apprendre, plus vite et mieux qu'un autre. Il est déjà, au bout de quelques mois, un autre Souleymane, et quand je l'ai vu, un autre encore, et aujourd'hui, alors que j'écris ces lignes, il doit y en avoir un troisième, au bas mot. Le foyer était simplement ce lieu, si inattendu dans sa vie, où lui était offert tout ce dont il avait besoin pour produire des Souleymane, le plus de Souleymane possible.

Il n'en a pas été autrement pour Audrey, Tricia, Jimmy, Schouka. Mais, s'ils le constatent aujourd'hui, si, pour leur part, il leur arrive de s'en émerveiller – ils savent bien, tous, qu'avec d'autres, la machine de l'éducation spécialisée, comme celle de l'école, est cruelle, qu'elle lamine et broie –, aucun d'entre eux ne l'a saisi aussi vite que Souleymane. Lui a été d'emblée contraint de se transformer. Il était déjà un expert en métamorphoses quand il a débarqué en France. Eux, face à la machine, ont commencé par reculer. Passer de l'autre côté prend du temps. On se débat, on s'indigne, comme Jimmy avant que Philippe ne l'emmène dans sa voiture, d'avoir à tout laisser derrière soi, tout le connu, tous ce qui vous attache à votre vie, aussi invivable soit-elle.

Ainsi ont-ils longuement balancé entre le sentiment de sécurité, le soulagement d'être arraché aux violences, à l'abandon, et cette angoisse devant l'inconnu. Une angoisse qui peut être paralysante ou éruptive, qui peut déboucher sur des années de bagarre comme sur un repli, une latence un peu engourdie, dont on sort à pas comptés. C'est ce que raconte Audrey, si heureuse à son arrivée aux Matins bleus, à 6 ans, et qui le restera jusqu'au bout, mais à qui il faudra beaucoup de temps pour trouver goût à autre chose qu'à la douceur de cette vie au foyer, une vie encadrée, entourée de gens qui s'occupent d'elle, alors que sa mère l'envoyait à l'école sale, affamée, trop affaiblie pour suivre en classe. Aucune violence, mais ce délaissement, le père absent, la mère qui ne sait pas comment faire, avec son handicap mental, léger sans doute – elle a toujours travaillé, comme femme de ménage –, trop lourd tout de même pour s'occuper de sa petite fille.

Le foyer est devenu un refuge rêvé pour elle, aussi rapidement qu'il est devenu une chance dans l'esprit de Souleymane. C'est toute la différence entre eux : Audrey court le risque de s'y enfermer, quand Souleymane y apprend à envoyer valser tout ce qui pourrait le clouer au sol. Souleymane a appris la liberté – tout de suite. Audrey aussi – après ces années vécues dans une paix où, sans doute, elle a puisé la force nécessaire pour faire naître cet élan, ce goût d'apprendre à vivre que sa mère ne pouvait lui transmettre.

« J'étais calme, gentille, j'étais un peu dans mes rêves parfois », dit-elle pour raconter ses premières années. Elle est passée d'un monde chaotique à un monde d'ordre, mais d'ordre affectueux. Elle y trouve une place comme préparée d'avance pour elle, où elle peut être elle-même. C'est plus dur à l'école. On se moque. Mais, désormais, elle a cette force. « J'étais bien, poursuit-elle, j'avais des gens qui m'aidaient pour mes devoirs, j'étais bien nourrie, dans le confort, le bien-être. Il y avait beaucoup de règles, mais ce n'était pas traumatisant pour moi. En fait, je ne connaissais pas les règles. Je n'en ai pas eu du tout dans mon enfance. Ça m'a fait comprendre que c'était important d'avoir un cadre, surtout dans un collectif, parce qu'il n'y a pas que Audrey, il y a Audrey et les autres. »

Elle se transforme ainsi peu à peu, comme chacun le fait à sa manière : en commençant par découvrir qu'il y a un autre monde que celui qui leur a été offert à la naissance. Ensuite, il faut aller voir les mondes qui se cachent encore derrière. « On ne peut pas avoir des éducateurs toute sa vie ! » me disait-elle quand nous nous sommes retrouvés à Saint-Rémy, même si elle continue à leur parler, à aller les voir, parce que leur présence l'apaise. Durant son enfance, elle passait tous ses week-ends chez sa mère. « Ça allait, mais après, c'est ma mère… On ne faisait pas grand-chose. On faisait les courses. On regardait la télé. En fait, j'étais surtout contente de rentrer au foyer le dimanche. » Elle rit : « Normalement, c'est l'inverse. »

Pourtant, même Audrey, adolescente, aura envie de partir, de trouver la Audrey à venir, celle qui se fera une vie. Nous ne savons pas, nous à qui le goût de vivre a été transmis comme une évidence, à quel point ce n'en est pas une, et qu'il s'acquiert au bout d'un processus difficile, risqué, dans lequel l'effondrement reste toujours possible. C'est ce que me racontent Jimmy,

Schouka et Tricia quand ils me parlent de leur vie dans les foyers ou les familles d'accueil. Audrey aurait pu s'endormir dans la quiétude, rattrapée par l'indolence impuissante de sa mère. Eux auraient pu voler en éclats, comme tout avait volé en éclats autour d'eux.

Pendant des années, ces trois-là ont tout cassé, littéralement. « J'insultais tout le monde, se souvient Jimmy. Je détruisais tout ce que je pouvais. Ça a duré trois ou quatre ans, je ne sais plus. » Schouka : « J'étais beaucoup dans la rébellion, la violence. Je maltraitais mes camarades de classe. Je savais que ce n'était pas bien. Mais j'étais tellement en colère. Tellement en colère, que je m'en prenais aux personnes qui étaient plus faibles que moi. Parce que, quand j'étais petite, c'était moi la plus faible. » Et Tricia, emmenée à 12 ans dans un foyer parce que, soudain, il n'y a plus personne pour elle.

Sa colère était infinie. « J'avais tout le temps dans ma tête l'image de ma mère dans son cercueil, dit-elle. Alors, je me suis renfermée. J'en ai fait subir aux éducateurs. Je leur ai fait la misère. » On la change régulièrement de foyer – Tarascon, Châteaurenard, Saint-Rémy… Rien n'y fait, pendant des mois. « J'étais très dure. J'étais méchante. Les éducateurs, je leur faisais la misère alors qu'ils étaient sympas. Sauf que je venais de perdre ma mère et qu'il me fallait quelqu'un pour moi, que pour moi. J'étais seule face à la vie. Les éducateurs doivent s'occuper des autres enfants. Moi je voulais qu'ils ne soient que pour moi, moi, moi. Je me faisais du mal, je me mettais en danger. Je me coupais les veines. Je voulais mourir. Je voulais aller rejoindre ma mère. C'était une image noire. C'était noir. Il n'y avait plus rien qui existait autour de moi. »

Schouka va rester dix ans chez Claire et Aurelio, la famille d'accueil de Beaucaire, où elle doit affronter la même frustration que Tricia a connue dans les foyers : elle est loin d'être seule, puisque six autres enfants placés se trouvent là, et que la famille en compte trois, deux déjà grands, le plus souvent absents, et un jeune garçon du même âge qu'elle, Rémy*. Il y a des étincelles, et pire encore.

« Il y avait un côté "enfants de la famille" contre "enfants placés", explique-t-elle. En tout cas, dans la tête de Rémy. Claire et Aurelio ne se rendaient peut-être pas compte de ce qui se passait. On croit toujours plus facilement son propre enfant… On ne voit pas ce qu'il fait. C'était très compliqué pour lui. Il était avec ses parents, et il voit sept enfants débarquer. Je le comprends. Mais il a été très maltraitant. Il utilisait son pouvoir d'enfant de la maison, de vrai enfant. Il avait cette supériorité. Il a été très dur. Il me frappait. Il embêtait tout le monde. »

Bon an mal an, ils grandissent ensemble. À part les deux ans dans la famille d'accueil de son frère, Schouka reste auprès de Rémy jusqu'à ses 18 ans. Ils doivent apprendre à vivre l'un avec l'autre. Dans la violence d'abord, celle de Rémy, celle de Schouka, même si la sienne s'exerce davantage à l'école que dans la famille, où elle s'accroche au rêve de trouver la paix. Mais elle tient tête quand il la persécute. « J'étais la seule fille, et la plus petite. Pourtant, je ne me laissais pas faire. Même, je défendais les autres. »

Et le demi-aveuglement ou la complaisance plus ou moins volontaire des parents ne changent rien à l'affection qu'elle a alors pour eux, et qu'elle leur a conservée, malgré d'autres vicissitudes. Telle est Schouka, à l'orée de l'adolescence : une jeune fille forte, qui peut être cruelle, qui peut s'abandonner à sa cruauté natale, si l'on peut dire, mais qui aime, qui veut aimer, quoi qu'il arrive, qui veut trouver dans cette famille, comme auprès de son père, cet amour dont sa mère, sa mère le diable, sa mère le monstre du Loch Ness, représente la glaçante négation.

Faut-il aussi parler d'amour dans son cas ? Il n'emploierait sans doute pas le mot, mais Jimmy, comme Schouka, cherche à se sauver de son désordre intérieur. Un jour que, de nouveau, il ravageait sa chambre, une éducatrice a surgi et lui a dit : « Toi, mon petit, tu vas arrêter de me casser les couilles ! » Il était soufflé. « Je ne pensais vraiment pas que des gens qui font ce métier pouvaient utiliser ces mots. Je me suis dit : "Ah merde, elle peut parler comme ça, elle !" Mais elle a bien fait, puisque, en me rentrant dedans, elle a réussi à me calmer. J'ai rangé ma chambre. J'ai tout nettoyé. »

Longtemps, Jimmy fluctue ainsi, de la colère irrépressible à l'apaisement, et de la révolte contre les éducateurs à une sympathie qu'il distribue avec parcimonie : il faut que les gens soient à la hauteur. Il semble tâtonner, durant ces années, pour apprendre les règles. Non pas celles du foyer, il les connaît et les bafoue depuis le début, mais les siennes, celles qui font qu'avec certains éducateurs quelque chose peut advenir, et avec d'autres rien. Il ne sait pas encore comment se calmer, cela va venir bientôt, quand la musique dénouera tout, mais il sait repérer ceux qui y arrivent parfois, comme cette éducatrice, ou Philippe Ribellès, bien sûr – c'est encore avec lui que l'essentiel se jouera. Ou encore Claude Robin, le directeur, bien qu'il ne le voie que rarement. « Il en imposait, avec sa belle chevelure blanche. Je me suis toujours dit : "Si, lui, il m'en met une, il va m'arracher la tête." »

Mais, pour l'heure, rien ni personne ne suffit à éteindre la rage du jeune garçon. Les adultes capables de lui arracher la tête continuent de lui inspirer du respect, pas seulement pour cela, mais pour cela aussi, pour cette force brute qui, dans la maison de Plan-d'Orgon, était la seule loi. À partir du jour où il a été placé, plus personne n'a frappé Jimmy. Il continuait pourtant de vouloir buter sur quelque chose de dur, des mots, des attitudes, des corps qui soient comme des murs face à lui, sur lesquels cogner à son tour. Il lui a fallu passer des années à attendre qu'on lui dise « tu me casses les couilles » pour découvrir que les murs ont des brèches, que les lois sont ce que vous en faites, et qu'il est possible de laisser Plan-d'Orgon derrière soi.

Comment, pourtant, savoir si on va y arriver ? Il y a cela aussi dans la révolte de Jimmy, durant les premières années aux Matins bleus : un sentiment indéracinable de fatalité. Il doit faire un choix. D'un côté, ce qu'il a toujours connu, cette évidence de la défaite que ses parents lui ont inculquée par leurs coups, par leur désespoir, par leur propre certitude de ne pas être de ceux qui échappent à leur destin. De l'autre, une issue incertaine, qu'il devine, qu'on lui offre, mais comment y croire, quand on a été dressé pour dire non, pour dire je ne peux pas ? Quand on a été dressé pour dire : le programme va se dérouler comme prévu ?

Lors d'une de ses nombreuses fugues, Tricia s'est un jour retrouvée à la gendarmerie. La situation était devenue intenable, et elle non plus ne pouvait imaginer une issue à son désespoir. C'est ce qu'elle avait à ce moment-là en partage avec Jimmy et Schouka : vivre au milieu d'une explosion en chaîne, qui se confond avec la vie. Elle était constamment en danger, bien sûr, mais de surcroît tout le monde, au foyer, l'était aussi désormais. Peu de temps avant, elle avait accusé un éducateur d'attouchements, avant de se rétracter, honteuse de son mensonge. Claude Robin lui avait fait savoir que Les Matins bleus ne pourraient peut-être pas la garder. C'est ce que lui répète Philippe Ribellès, venu la chercher à la gendarmerie.

« Il m'a prise à part, raconte-t-elle, et il m'a dit : "Maintenant, il faut que tu arrêtes. Tu peux aller à droite ou à gauche. À droite, c'est Les Matins bleus. À gauche, un foyer d'urgence. Ça dépend de toi. Si tu te calmes, tu restes. Sinon, tu pars." Ça m'a sauvé la vie, ce "à droite ou à gauche". Le foyer d'urgence, je savais que ce serait horrible. J'ai dit : "Matins bleus." Il m'a répondu que c'était bien. Mais que c'était ma dernière chance. "Si tu ne fais pas ce qu'on te dit, tu vas au foyer d'urgence. Prends ça comme une porte qui s'ouvre." C'est ce que j'ai fait. Ça a été un déblocage, un début de déblocage. Quelque chose s'est passé en moi, je ne sais pas quoi, en fait. »

Et elle ajoute, avec une sorte de surprise, ce que tous, à un moment ou un autre, m'ont dit, ce sésame des destins qui repartent de zéro après le ravage : « À partir de là, j'ai changé. »

II

« Je me dis : pourquoi pas ? »

J'ai connu un jeune homme, autre ancien pensionnaire des Matins bleus, qui avait passé sa scolarité dans des classes spécialisées – on parlait alors de CLIS, Classes pour l'inclusion scolaire[1] – et qui en était ravi. « J'étais le meilleur sans avoir à travailler, c'était cool ! » m'expliquait en riant ce père de famille, qui s'en sort très bien aujourd'hui. Il n'empêche : les CLIS pouvaient être un éteignoir, et c'est bien le sentiment qu'a eu Audrey lorsque, en CE1, l'Éducation nationale a pris la décision de la placer dans cette structure destinée aux élèves en grande difficulté.

Elle venait d'intégrer le foyer. Quelques mois plus tôt, elle était encore cette enfant sale, affamée, qui dormait en classe. Que pouvait-elle faire d'autre qu'échouer ? Mais, me dit-elle, « j'avais envie d'apprendre » et cela, les éducateurs, Nicolas, en particulier, celui qui l'avait accueillie le premier jour, en

1. Les CLIS ont été intégrées en 2015 dans les ULIS, Unités localisées pour l'inclusion scolaire.

étaient conscients. « Ils se sont battus pour éviter la CLIS. Ils voyaient mon potentiel. Ils me faisaient travailler le soir. Ils voyaient bien que j'avais envie, même si j'avais beaucoup de lacunes. » Ils obtiennent un compromis : elle peut rester dans le système classique, à condition de redoubler. Elle est d'accord. « Ça m'a aidée, puisqu'après, je n'ai plus jamais redoublé. »

Tout peut arriver, même en CLIS, et je dois me souvenir de ce jeune homme pour ne pas imaginer, dans l'hypothèse où les éducateurs n'auraient pas obtenu gain de cause, une sorte de transformation d'Audrey en sa mère, d'affaissement dans cette torpeur qui l'avait empêchée de s'occuper d'elle, enfant. Mais, de fait, c'était bien cette assignation qu'il fallait commencer par défaire. Bien sûr, les difficultés sont restées. Elles l'ont accompagnée jusqu'au bout de sa scolarité, qu'elle raconte comme un effort constant, épuisant, qu'elle relâchait parfois, avant de se remettre en selle, aiguillonnée par les éducateurs, les instituteurs, par son propre désir de s'en sortir, ce désir qui, dans une CLIS, aurait pu s'éteindre.

Toute la question pour elle a toujours été – est toujours – de se persuader qu'elle a cette force en elle. Son lien si puissant avec les éducateurs peut se comprendre ainsi : c'est ce qu'ils lui ont appris, en lui offrant un appui qu'elle ne pouvait trouver auprès de sa famille. Lorsque je parle d'elle avec certains d'entre eux, tous me disent qu'ils étaient à la fois impressionnés par sa détermination et inquiets devant son manque de confiance en elle. Rien ne dessine mieux la forme singulière d'une vie que ses paradoxes. Audrey est cette jeune femme opiniâtre et timide, qui fonce et s'interrompt, croit et doute d'un instant à l'autre. Il faut beaucoup d'énergie pour soutenir autant d'oscillations. Elle n'en manque pas.

Le week-end, je l'ai dit, elle quittait le foyer pour retourner en famille. Durant les premières années, elle se partageait entre sa mère, un oncle et une tante qui, avant son placement, s'occupaient d'elle pour tenter de compenser les défaillances maternelles, et continuaient de l'accueillir dans leur maison d'un village du Luberon, mais aussi son père, retrouvé des années après qu'il s'était éclipsé. « Être placée m'a permis de le voir plus souvent », s'amuse-t-elle, mais cela reste très relatif : projectionniste, il était souvent au travail quand elle venait, l'après-midi et le soir. Heureusement, elle s'entendait bien avec sa nouvelle compagne. Enfin, ses nouvelles compagnes, car il en changeait régulièrement.

Tout bougeait chez lui, quand tout était immobile chez sa mère. Nulle contrainte, non plus, alors que sa mère, désormais, se montrait stricte. « Elle faisait un effort depuis que j'étais aux Matins bleus. Il fallait que je me couche à telle heure, ce genre de choses. Chez mon père, il n'y avait aucun cadre. Je faisais un peu ce que je voulais. » Une légèreté qui a fini par l'angoisser. « Ça devenait un calvaire. J'étais tellement habituée à avoir des règles. Je faisais des cauchemars. J'ai demandé à ne plus aller chez lui. »

De toute façon, dit-elle, « il me décevait beaucoup, et ça m'a aidée de ne plus le voir. C'était mon super-héros. Quand la casquette du super-héros est tombée, j'ai eu mal, mais j'ai compris qu'il fallait me construire avec l'aide des éducateurs ». Elle ne le voit plus aujourd'hui. Et si elle rend souvent visite à sa mère, si elle n'a jamais cessé de passer du temps avec elle, si elle a besoin de l'aimer, et qu'elle l'aime, elle semble ne rien pouvoir en attendre d'autre. Sa tante du Luberon est morte. Son oncle, qui compte toujours beaucoup pour elle, qu'elle appelle souvent, qui la conseille, tient lieu de famille à lui seul, pour autant qu'une famille soit ce sur quoi on peut s'appuyer, et non ce terrain meuble que ses parents ont toujours été pour elle.

Dès lors, il lui fallait des éducateurs. Sans eux, elle n'aurait sans doute pas pu s'acharner comme elle l'a fait pour tenir le rythme, passer d'une classe à l'autre, entrer au collège. Avec l'intelligence de ses besoins dont elle a très tôt fait preuve, elle a bricolé tout le symbolique possible à partir de ce qu'elle avait sous la main. Il fallait avancer, mais comment se guider ? À défaut d'étoile du berger, on s'en fabrique.

Un jour, dans son adolescence, Nicolas et Geneviève, une autre éducatrice qui a également joué un rôle important auprès d'elle, lui ont annoncé qu'ils changeaient de poste et travailleraient désormais dans une autre ville. « Il m'a fallu un moment avant d'encaisser. Je leur ai dit : "Vous allez partir tous les deux ? Il n'y en a pas un qui reste ?" Non, ils partaient ensemble ! Sans moi », raconte-t-elle, avant d'ajouter, avec cet air de défi qui est souvent revenu dans nos discussions : « Je subissais, puisque je ne voulais pas qu'ils partent. Mais je me suis dit : tu vas leur montrer que même si tu ne les vois plus, tu vas te débrouiller. Je me suis motivée à fond pour réussir, mais pas pour moi, pour que Nicolas et Geneviève soient fiers de moi. »

Les éducateurs se parlent entre eux, elle le sait bien. Après leur départ, elle ne croise Nicolas et Geneviève que de temps en temps, lorsqu'une fête réunit tous les membres des Matins bleus, à Noël essentiellement, mais elle ne doute pas qu'ils demandent de ses nouvelles. Face à chaque obstacle, elle pense désormais à eux, à ce qu'ils se diront, puis elle prend l'habitude de les appeler pour leur annoncer une nouvelle, leur demander conseil, les entendre. C'est l'heure des changements. Elle passe, peu de temps après, de la maison de Saint-Rémy à celle de Châteaurenard, destinée aux adolescentes.

Sa scolarité, après toutes les difficultés des débuts, a pris du retard. Elle a 17 ans quand elle entre en quatrième. La question de l'avenir devient pressante, mais que faire ? Continuer, aller en troisième pour viser le lycée, lui explique-t-on au collège et au foyer, ce serait peut-être trop dur, et elle partage cet avis. « Déjà, là, en quatrième, je ramais bien comme il faut. Je me suis dit oui, c'est plus simple de prendre un autre chemin que d'aller droit dans le mur. »

À Barbentane, non loin de Châteaurenard, se trouve un établissement de l'Union des Maisons familiales rurales, un réseau consacré à la formation par alternance, qui propose un CAP service aux personnes[1]. On lui en parle. Il y a de tout là-dedans, avec beaucoup de débouchés à la clé, commerce, restauration, secrétariat, de la cuisine même, mais aussi de l'aide aux personnes âgées et aux enfants. Une semaine à l'école, une semaine en stage, dans tous ces métiers successivement.

« Je savais que si j'allais dans cette maison, je découvrirais plein de choses. Mais c'était un peu l'inconnu, ça voulait dire sortir du système classique, commencer à travailler... » Peut-être ne sera-t-elle douée pour aucun de ces métiers. Peut-être décevra-t-elle Nicolas, Geneviève – qui l'encouragent, lui disent qu'elle va cartonner – et les autres. Elle sait qu'il faut saisir cette chance plutôt que de s'enliser au lycée, mais elle doute. Puis elle accepte, sans pouvoir imaginer que, de ce nouveau bouleversement, une évidence va naître, qui continue de gouverner sa vie.

Une chose est de ne pas sombrer dans la maladie psychique, la violence, l'errance, lot de beaucoup d'enfants placés, auquel il est déjà sidérant d'échapper, une autre de pouvoir décider de son avenir. Il s'ouvre, et cela peut suffire à s'émerveiller. Reste à le remplir, tâche malaisée pour Audrey et les autres comme pour vous et moi, à leur âge. Plus angoissante sans doute pour eux. Les éducateurs leur répètent qu'il faut trouver leur

1. Plus précisément, un CAPA SAPVER, Certificat d'aptitude professionnelle Service aux personnes et vente en espace rural. Mais Audrey parle, plus simplement, de CAP. Je l'imiterai ici.

voie. On nous l'a répété aussi. Mais nous n'avions pas en tête l'échéance à laquelle eux ne peuvent échapper. À 18 ans ou, pour ceux qui obtiennent un contrat jeune majeur, à 21 ans au plus tard, plus personne ne sera là pour les aider.

Le hasard, dans ces conditions, devient un allié décisif. Ce qui survient tout à coup. Ou ce qui se trouve déjà là, dans ce lieu où un premier hasard vous a entraîné, comme la Maison familiale rurale d'Audrey, ou la formation aux métiers du cheval que fera Tricia : il en existait simplement une dans le coin. Ou encore cette fanfare que découvre Jimmy à 12 ans, à Tarascon. Dans la voiture, lorsqu'il l'avait emmené visiter les maisons des Matins bleus, Philippe Ribellès lui avait dit qu'il pourrait faire de la musique, si c'était ce qui l'intéressait. D'accord, mais quoi, et où ? Il n'y a pas trente-six possibilités dans la petite ville, une école de musique et Le Réveil tarasconnais, la fanfare fondée par d'anciens combattants, qui joue lors des défilés, des commémorations, des corsos. Jimmy se renseigne. Il a envie de jouer rapidement, et la fanfare prête les instruments. L'école, c'est plus compliqué. Va pour la fanfare.

Quarante musiciens, dont trois autres adolescents. Pour le reste, « 75 ans de moyenne d'âge », « des vieux de la vieille », me dit Jimmy en rigolant. Parfait pour lui. Parfait pour eux. « Ils sont contents, ça amène du renouvellement. » Il y va, au début, tous les lundis, après l'école, puis deux à trois fois par semaine, sans compter les défilés. En débarquant, il leur a dit qu'il voulait jouer du saxophone. « "Il n'y a pas de saxophone, on n'a que de la trompette. – Alors, je vais jouer de la trompette." Le gars, il me regarde et il me dit : "D'accord, mais avant, tu vas faire du clairon." J'en ai fait un an et demi. Ça permet de muscler les lèvres, d'avoir du souffle. » Il suit aussi des cours de solfège, pendant six mois. La base, pas plus. Il ne sait toujours pas lire une partition, mais il a de l'oreille, on s'en aperçoit tout de suite à la fanfare. Il retient vite les morceaux. Il enregistre tout, à l'instinct.

Dans les premiers temps, la musique n'est pas le plus important. La fanfare, c'est d'abord le plaisir d'être ailleurs, de se créer un lieu à soi. « Ça me sortait des Matins bleus, de tout le bordel qu'il y avait à mon étage. On était six dans le groupe et ça criait, il y avait toujours des problèmes, on voulait tous se taper sur la gueule, "c'est pas moi, c'est lui", tout ça. C'était plus calme, la fanfare. » Il y a aussi tous les déplacements, la route dans le vieux bus recyclé, avec « Le Réveil tarasconnais » écrit en gros sur le côté. Même l'uniforme militaire est amusant : on joue à être un autre. Jimmy en a toujours un chez lui, pour le souvenir.

Si vous voulez voir jouer Le Réveil tarasconnais, regardez *La Fille du puisatier*, le remake du film de Pagnol réalisé par Daniel Auteuil en 2011. « La fanfare qui apparaît à un moment, c'est nous. » Deux jours de tournage, sur l'aérodrome de Saint-Rémy-de-Provence. « C'était génial. On mangeait avec Daniel Auteuil, Kad Merad, Sabine Azéma, Nicolas Duvauchelle... Mais on ne me voit pas à l'écran. C'est toujours comme ça quand on me filme, encore aujourd'hui. On ne voit jamais ma tête. » Il y a pourtant eu une prise où il était seul. Mais elle a été coupée au montage. Il s'en fiche. C'était bien. Tout ce qui le déplaçait, lui montrait autre chose, il le prenait. C'était, pour lui, la découverte fondamentale : que la vie remue.

L'expérience de la fanfare dure deux ans. À 14 ans, comme Audrey, il doit quitter le foyer pour enfants, direction Arles, où Les Matins bleus ont leur foyer pour garçons adolescents. « Du coup, je suis allé voir Philippe et je lui ai demandé s'il ne connaissait pas un truc à Arles pour faire de la musique. » Banco : Philippe joue dans une batucada, un ensemble amateur de percussions afro-brésiliennes, ou, pour être plus précis, un ensemble qui pratique la batucada, un sous-genre du samba. On est loin du Réveil tarasconnais. « Rien à voir », confirme Jimmy, qui ne connaît alors rien aux percussions, à l'Afrique, au Brésil. « Je ne savais pas où je mettais les pieds. Je n'avais même jamais tenu une baguette. Alors, on me met l'instrument dans les mains et on me dit : "Vas-y, fais poum, pa, poum, pa, poum pa ka, poum pa ka. Oui, voilà. C'est bon." »

Il y va jusqu'à trois jours par semaine. De nouveau, il apprend vite. Au début, mineur, il ne peut pas accompagner le groupe quand il va jouer dans des carnavals, des ferias, mais un arrangement est trouvé avec Les Matins bleus, et le voilà encore sur les routes. Parfois, rarement, il joue avec Philippe. « C'était une expérience étrange, trop étrange, on ne l'a pas beaucoup fait », se souvient-il. Il leur arrive tout de même de faire des concerts au foyer. Une autre éducatrice joue aussi des percussions. Ils montent des « trucs » tous les trois. Bref, il joue tout le temps, et il sait que c'est cela qu'il aime. La musique. Et les percussions, plus que le clairon ou la trompette.

Ou, plus précisément, le Brésil, plus que la France. « À la batucada, il y avait des gens de tous horizons, de toutes professions, des jeunes, des moins jeunes. J'étais heureux à la fanfare, mais ça, c'était quand même autre chose. C'était vraiment l'esprit : on vient pour s'éclater, et en même temps on apprend. C'est la culture brésilienne. Tu n'es pas centré sur toi-même, tu partages. En France, on est souvent très égoïste : chacun pour sa gueule. Là-bas, c'est le contraire. » Aucun Brésilien dans le groupe, mais les deux professionnels qui l'animent sont souvent allés au Brésil, c'est là qu'ils se sont formés. Jimmy touche du doigt un ailleurs concret, où tout lui semble différent, plus coloré, plus rythmé, aussi pétaradant que ce qu'il commence à espérer, pour sa vie.

Le Jimmy des débuts, celui qui cassait tout, s'éloigne. « J'étais encore virulent, mais j'avais du recul. » Il a appris à faire le tri, à aller vers les éducateurs qui lui paraissent bien. Il a toujours du mal avec les autres, ceux, dit-il, « qui viennent pour leur argent », les « figurants ». Ceux-là, ceux qui ne s'engagent pas, ont des ennuis quand ils lui disent non : ils ne sont pas légitimes, il l'a décidé, il n'en démord pas. « Mais avec les autres, ça allait : on me dit non, je dis "très bien". Heureusement, c'était la majorité des éducateurs. Donc, globalement, ça se passait mieux. »

Ce qu'il sait, à ce stade, c'est que ce ne sont pas les études qui lui permettront de trouver sa voie. Après des années difficiles au collège, notamment perturbées par sa jambe folle et les opérations à répétition qu'elle lui vaut – longues hospitalisations, centres de rééducation, plâtre… –, il s'inscrit, comme Audrey, en CAP, dans la restauration en l'occurrence, pour devenir serveur. Mais il arrête au bout de trois mois.

« J'ai détesté. Et je n'ai rien fait d'autre. Les études, ça me gonflait. J'ai juste fait de la musique. Mais sans penser que ça pourrait être mon gagne-pain plus tard.

— Et, donc, vous n'aviez rien. Vous vous disiez quoi sur votre avenir ?

— Je me disais : c'est la merde. Qu'est-ce que tu vas faire ? Pour l'instant, c'est bien, tu as Les Matins bleus, continue.

— Vous en parliez avec les éducateurs ?

— Eux, ils me poussaient toujours à chercher, à faire quelque chose. Mais je ne faisais rien.

— Vous n'aviez envie de rien, ou c'était parce que vous étiez à fond dans la musique ?

— Non… Je ne sais pas. C'était un peu le blanc. J'attendais que ça vienne.

— Et c'est venu.

— Eh oui, c'est venu. »

Vers ses 10 ou 11 ans, elle ne sait plus, la fameuse décision « idiote » survient dans la vie de Schouka : elle quitte sa famille d'accueil de Beaucaire pour rejoindre son frère, Luan, à Orgon. « Les Matins bleus avaient décidé de nous réunir. Et c'était à moi de déménager, parce qu'il est plus jeune que moi : c'était plus traumatisant de bouger pour lui que pour moi. » En réalité, cela le sera à la fois pour elle, pour lui et pour le couple qui les accueille. Ce sont des gens âgés. Luan était jusque-là le seul enfant dont ils s'occupaient. La maison était calme. Elle cesse tout de suite de l'être.

« Je leur ai fait l'apocalypse ! J'étais contente d'être avec Luan, mais ça faisait longtemps qu'on était séparés, et moi, ma vie, c'était à Beaucaire. Luan aussi faisait n'importe quoi. C'était très dur pour lui aussi, sachant qu'il a eu un gros problème très tôt : il pensait que personne ne l'aimait. Donc, c'était : ma sœur arrive, ce n'est plus moi qu'ils vont aimer, alors qu'avec eux, il s'était un peu construit comme un fils unique. »

Le couple tient un peu moins de deux ans. Ils finissent par prendre leur retraite, épuisés. Luan pleure. Schouka aussi, mais ce sont de fausses larmes, des larmes de solidarité, si l'on veut. En réalité, elle est heureuse, elle va retrouver sa « famille d'accueil de base ». Sauf que, puisque le principe est dorénavant de garder le frère avec la sœur, Luan l'accompagne, et cela l'inquiète. Elle se demande comment il réagira en débarquant dans cette maison qui regorge d'enfants, lui qui se rêvait fils unique.

« Il était beaucoup plus fragile que moi, malgré tout ce que j'ai pu subir de la part de mon grand-père et de ma mère. Lui, il n'a rien vécu de physique, mais il a tout vu. Il a subi des traumatismes visuels. C'est le pire : voir mais ne rien pouvoir faire. Il a été encore plus détruit que moi. Et toute cette histoire, mon arrivée à Orgon, le départ à Beaucaire, tous ces changements, ça l'a beaucoup fragilisé. Les Matins bleus ont vraiment pris les mauvaises décisions, à ce moment-là.

« Et, malheureusement, un peu plus tard – je devais avoir 14 ans –, il a fait une tentative de suicide sous mes yeux, dans sa chambre. C'est Aurelio qui l'a découvert, qui lui a sauvé la vie. Moi, je m'en veux énormément, parce que je n'ai pas pu l'aider. J'étais paralysée. En plus, je l'ai engueulé. J'étais jeune, j'ai eu très peur… Après, on l'a mis dans un foyer. Il ne voulait plus du tout avoir affaire à une famille. Déjà, on lui en enlève une quand il est tout petit. Il s'en construit une nouvelle, on la lui enlève aussi. Il est séparé de sa sœur, il la revoit après des années, pour quoi faire ?

En même temps, tout cela a créé un lien tellement fort entre nous. C'est incomparable. »

Luan va mieux. Il a fait « la totale », comme Schouka : jusqu'à 18 ans dans ce foyer, puis le contrat jeune majeur. Il vit aujourd'hui dans une autre région, « avec sa copine et ses deux petits chats ». Il reste fragile mais il aime bien sa vie. Schouka et lui se parlent, se voient quand ils peuvent. Il a survécu. Leur lien aussi a survécu. Il peut survivre à tout, pense-t-elle.

Aussi ce frère a-t-il été pour elle tout ensemble une faiblesse – l'inquiétude casse les jambes – et une force, parce qu'ils s'aiment, comme leur père, lui-même si fragile, et qui a été tellement exploité par la mère, est à la fois un repère – le point fixe de son amour pour elle, de son amour à elle pour lui – et un sujet d'angoisse. Une vie comme celle de Schouka et des autres tient du glanage : on ramasse ce qu'on peut, on construit à mesure, on voit si ça tient. Claire et Aurelio, Rémy lui-même, le « vrai fils » pénible, avec qui il a bien fallu vivre, font partie du jeu. Au bout du compte, un monde se constitue, qui ne sera qu'à elle. Long processus, toujours incertain et fragile.

En dehors de la parenthèse d'Orgon, c'est surtout à l'école que Schouka montre ce qu'il y a en elle de brisé, d'instable. Elle résume : « J'étais une bonne élève, mais je faisais n'importe quoi. » Elle veut y arriver, fait beaucoup d'efforts. Elle a des problèmes de langage, voit un orthophoniste. Tout lui est plus difficile qu'aux autres. Mais elle est celle qui lève tout le temps la main en classe, et qui ronchonne si on ne lui donne pas la parole.

Celle, aussi, qui est harcelée, et qui harcèle. « Je me faisais ma place. Je refaisais ce qu'on me faisait, j'étais la harcelée harceleuse. Je frappais, même plus grand que moi. Je n'avais pas peur, en fait. Je me souviens que j'ai harcelé un garçon qui était très gentil, et je le savais bien, qu'il était gentil. Mais moi ça me rassurait de savoir que je n'étais pas inférieure à tout le monde. Je le regrette. La fille que j'avais enfermée aux toilettes, par exemple, j'aurais du mal à la regarder dans les yeux… »

Elle finit par se lier, au collège, avec un groupe de filles – « des m'as-tu-vu, des pimbêches, une équipe vraiment foireuse » – avec qui elle fait encore plus « n'importe quoi ». Pour le coup, elle travaille moins, elle écoute moins en classe : ses nouvelles amies se moqueraient d'elle. Elle parade, menace, même si, à ce moment-là, se souvient-elle, elle est moins violente. Elle commence en réalité à l'être davantage avec elle-même qu'avec les autres, en abandonnant tout désir d'apprendre et de s'en sortir. Jusqu'à l'insulte suprême, inacceptable, que lui adresse un jour une des filles de la bande, qu'elle connaît depuis la primaire.

« Elle m'a dit : “C'est ta faute si ta mère t'a abandonnée.” Dire ça à une enfant traumatisée, c'était malin ! Je l'ai fracassée. Sauf qu'en la frappant je me disais que ce serait bien qu'un surveillant intervienne, qu'il m'engueule, qu'il me punisse. Personne n'a rien fait. C'est là que mon avenir aurait pu changer. J'aurais pu penser quelque chose de fou, du genre : quand je fais ça, personne ne dit rien, alors je peux aller plus loin. Qu'est-ce que je serais devenue, si j'étais vraiment allée plus loin ?

« Heureusement, j'ai eu un blocage. Je me suis dit : non, je ne veux pas être comme ma mère, et je me suis arrêtée. Pour être sincère, j'étais contente qu'elle ait eu peur. Ça m'a fait du bien, que quelqu'un ait peur de moi. Mais ça ne pouvait plus durer. Je me suis séparée de ce groupe de filles. Je me suis remise à étudier, à beaucoup, beaucoup étudier. Le soir je m'endormais avec mes cahiers. Je me suis rapprochée des professeurs. Je me confiais à eux. J'avais moins d'amis, par contre. J'étais un peu seule.

— Vous en souffriez ?

— Non. Je pense que je souffrais plus d'être entourée que d'être seule. Quand j'étais entourée, on me faisait du mal, donc... Je dois vous dire : j'ai subi des attouchements sexuels, au collège. Je ne l'ai jamais raconté. Mais là, puisque vous faites ce livre, c'est une occasion de dire les choses. Deux garçons de ma classe, qui étaient d'ailleurs dans des familles terribles, eux aussi.

— Ça s'est répété ?

— Non, c'est arrivé une seule fois. Une fois de trop. Après, on ne se parlait plus du tout, alors qu'on était amis avant. Franchement, ce n'étaient pas des mauvais garçons. Je pense que les garçons, à cet âge-là, regardent tout et n'importe quoi, et ils reproduisent ce qu'ils voient. Je ne pense pas que, sur le moment, ils se disaient que c'était grave. Mais ils doivent avoir bien honte. Il vaut mieux avoir honte.

— Vous vous rappelez pourquoi vous n'avez rien dit ?

— Parce que j'avais peur qu'on ne me croie pas. Ça, c'est typiquement la phrase d'une victime ! Tout ça, tous ces machins, le harcèlement, la violence, les attouchements, je les ai vécus très longtemps. Il n'y avait rien de beau, rien de rose. Mais, je le dis toujours, ça fait une force. Aujourd'hui, j'essaie d'aider les gens à surmonter ça. J'ai des copines dont les copains sont méchants, je les aide. J'aide les personnes, comme moi je n'ai pas pu m'aider. »

Il était temps de mettre les « machins » derrière elle. C'est à cela que servent les études, dans ces histoires. Même quand elles ne sont pas le levier principal, elles permettent de bouger, de trouver des chemins plus rapides pour essayer autre chose, aller voir ailleurs. Schouka a repris à temps son tablier de bonne élève. À la fin de la troisième, elle envoie son dossier, sans trop y croire, à un lycée de Nîmes qui prépare au bac professionnel Métiers de la mode. « J'ai été acceptée. Waouh ! C'était incroyable ! Il y avait des étoiles partout ! J'ai adoré faire ça. Même si j'ai dû arrêter au bout de deux ans, c'est ce qui, des années plus tard, m'a permis de lancer mon entreprise de couture. »

Il y a chez Schouka un mélange d'ambition et d'improvisation, mais aussi de tolérance et de colère, qui va devenir explosif durant ces deux années nîmoises. Le trajet Beaucaire-Nîmes, en train, prend une heure. Schouka est fatiguée de passer sa vie dans les transports pour rentrer dormir chez Claire et Aurelio. Elle demande à rester à l'internat du lycée. On le lui refuse. Elle n'est pas convaincue par les explications qu'on lui fournit, et se dit que c'est bien simple : sa famille d'accueil, qui gagnerait moins d'argent si elle était interne, défend son propre intérêt, pas le sien.

Ce soupçon, qu'il soit fondé ou non, abîme le lien qu'elle a avec eux, comme avec Les Matins bleus, qui soutiennent la décision de la famille. Le rêve de Schouka était de continuer ses études après le bac, mais la licence professionnelle Métiers de la mode est à Paris. C'est cher, Paris. Comment demander une telle dépense à la famille d'accueil et aux Matins bleus, qui lui ont déjà refusé l'internat ? Elle envoie tout valser, s'arrête avant le bac, et part s'installer à L'Isle-sur-la-Sorgue, pour rejoindre son père, qui y travaille comme cuisinier. Et, maintenant qu'elle a abandonné ce qui l'intéressait vraiment, elle choisit la même branche que lui et s'inscrit dans un CAP restauration, pour devenir serveuse. Le même que Jimmy. Elle y reste autant que lui : trois mois.

« J'ai laissé tomber d'une manière très radicale. Je venais d'avoir 18 ans. Heureusement, malgré nos accrochages, Les Matins bleus m'avaient fait un contrat jeune majeur. Je n'étais pas totalement à la rue. Mais je ne savais pas du tout ce que j'allais faire. On peut être un peu bête, à cet âge… En même temps, je pense que si j'avais continué à contrecœur, je ne serais pas là aujourd'hui en train de vous parler de mon histoire. Je crois au destin. C'était ça mon destin, de dire non et d'arrêter. »

Alors qu'elle s'apprêtait à quitter sa famille d'accueil, un goûter a été organisé aux Matins bleus. Tout le monde était là, Claire, Aurelio, les éducateurs qui l'avaient suivie depuis le début… Schouka a pris la parole. Ce n'était pas pour les engueuler. Au contraire. Je l'ai dit : elle peut vite monter dans les tours, et avoir sur les gens un jugement acéré, mais elle est aussi capable de tolérer beaucoup de choses, s'il s'agit de maintenir des liens qui comptent pour elle. Il ne fallait pas rater la suite de leur histoire.

« Je leur ai dit, à tous, les éducateurs, Claire, Aurelio… : "Je suis désolée, mais parfois, on fait du mal aux personnes qu'on aime." À l'époque, je n'étais pas bavarde. J'ai attendu mes 18 ans pour dire une phrase comme celle-là. La phrase avant que je parte, qui était faite pour marquer les esprits. Et c'est vrai, ils ne l'ont pas oubliée. C'était une autre façon de dire "je vous aime". Une façon dramatique de le dire, tout en demandant pardon pour certaines choses. Je dois dire qu'ils ont pleuré. »

Encore du symbolique qu'on bricole, qu'on agence à tâtons, et qui marche. Il fallait un rite de passage. Schouka l'a réussi au-delà de ce qu'elle en attendait. Pour s'apaiser elle-même, pour apaiser les autres. Maintenant, elle était disponible. Tout pouvait arriver, même si, en débarquant à L'Isle-sur-la-Sorgue, elle n'avait pas la moindre idée de ce qu'elle allait devenir.

« On m'avait dit : “Ta chance, c'est l'école. Alors, travaille. Tu es au foyer, après tu n'y seras plus. C'est le moment d'en profiter. Si tu n'y arrives pas ici, ce n'est pas après que tu vas y arriver.” » Le sentiment d'urgence qui, à un moment ou un autre, finit toujours par saisir les enfants placés face à l'échéance des 18 ou des 21 ans, Souleymane l'a éprouvé d'emblée, avec une intensité unique. Il ne l'a jamais lâché. Il connaît mieux que personne la fragilité des choses. Il sait qu'il faut se tenir prêt.

Lorsqu'il vivait encore dans des foyers d'urgence, il se rendait au collège quand ça allait, suivait des cours au foyer quand ça n'allait pas, engrangeait ce qu'il pouvait, et se débrouillait déjà pas mal, bien qu'il tienne à préciser, fier du chemin parcouru : « Quand je regarde mes cours de l'époque, je vois les fautes d'orthographe, de conjugaison, et je me demande si c'est vraiment moi qui ai fait ça. »

Dans le collège où il a été inscrit à son arrivée dans son nouveau foyer, des camarades l'aident, mais bientôt ce n'est plus nécessaire : il comprend de plus en plus de choses, à une vitesse qui les sidère. « À la fin, dit-il en riant, c'étaient eux qui me demandaient de les aider ! » Il travaille le soir en rentrant au foyer, se réveille souvent la nuit pour continuer. Il résume tout d'une formule : « J'étais obligé d'apprendre plus que les autres. Du coup, j'ai appris. » Lire, écrire, il se rappelle à peine comment c'est venu. « Je ne bossais pas trop ça, en fait. Je m'intéressais aux cours, alors, ça venait. »

Il avait quelques mois pour prouver aux professeurs et aux éducateurs qu'il pouvait s'insérer dans le système scolaire et en tirer le maximum. Sans doute aurait-on été indulgent avec un adolescent si fraîchement débarqué d'Afrique. Mais l'indulgence, la bienveillance, la pitié si l'on veut, peuvent pousser les gens à vous mettre sur des voies de garage. Il n'en voulait pas. Donc il fonçait, sans s'occuper du reste. Quel regard avait-on sur lui ? A-t-il été confronté aux préjugés qui accompagnent souvent les enfants placés, ou au racisme ? Il balaye tout cela en riant.

« Les préjugés, je les ressentais, mais je m'en foutais. Celui qui en a, qui pense que les ados qui vivent dans des foyers sont des délinquants, tout ça, il a le droit de penser ce qu'il veut. Le seul truc, c'est qu'il ne faut pas qu'il vienne m'emmerder avec ça. Je laisse dire, je ne parle pas. J'attends qu'il y ait un effet négatif sur moi. Si c'est le cas, je m'explique, et la personne comprend. Pareil avec le racisme. Il y avait des blagues. Mais moi aussi je faisais des blagues par rapport à ça. Si on me dit que je suis noir et tout, je ne le prends pas mal, c'est normal, dans le sens où, c'est vrai, je suis noir ! Après, si quelqu'un dit "sale Noir", c'est différent. Là, je réponds. Mais je ne m'énerve pas. En fait, ça ne me touche pas. »

Rien ne peut le faire dévier du chemin qu'il s'est tracé. À la fin de la troisième, il est pris dans un CAP Vente. Il obtient le diplôme deux ans plus tard, avec 15 de moyenne, ce qui le qualifie pour entrer au lycée professionnel, et même, finissent par juger les professeurs, pour y entrer directement en première, pour préparer le bac pro Commerce, qu'il obtient du premier coup, au printemps 2021. Il peut donc s'inscrire en BTS, un diplôme qui, à bac + 2, est aujourd'hui un de ceux qui offrent le plus de débouchés. L'année précédente, il s'est installé, seul, dans un appartement, en tant que jeune majeur. Quand je le rencontre, il est en première année. Il travaille en alternance dans une boutique. Son patron l'adore. Il lui a même dit que, quand il aurait son diplôme, il lui confierait la gestion du commerce.

« C'est parce que je suis la seule personne qui fait un BTS. Les autres, il y en a une qui a son bac, une autre un bac pro, pas plus. Moi, avec mon CAP, mon bac pro et le BTS, j'ai appris le management, j'ai tout pour gérer un magasin. Déjà, pour tout ce qui est décision, analyse des choses, la plupart du temps, il me demande mon avis. »

L'été, la ville où il vit attire beaucoup de touristes, et la boutique cartonne. La place serait belle. Mais Souleymane ne serait pas Souleymane s'il voulait s'arrêter là. Il a franchi toutes les étapes si vite. Après le BTS, il pourrait poursuivre en licence, ou au-delà. Quelle raison aurait-il de ne pas rêver mieux, toujours ?

Tout, pourtant, toute cette énergie bouillonnante, tout ce puissant désir de vivre, de découvrir, de se faire une place, aurait pu s'écrouler. Car il restait un obstacle à franchir : le droit de rester en France. La loi prévoit que les mineurs non accompagnés – c'est l'appellation officielle – soient pris en charge par l'Aide sociale à l'enfance jusqu'à leur majorité. Ensuite, plus rien ne va de soi. Il faut demander un titre de séjour, voire, graal suprême, la nationalité, mais l'un et l'autre peuvent être refusés, et ce refus peut entraîner une obligation de quitter le territoire.

Souleymane, au début, n'y pense pas. Première alerte le jour où, alors qu'il veut acheter un jeu vidéo, le vendeur lui demande une pièce d'identité. Il en parle à un éducateur, qui retourne dans la boutique et achète le jeu avec ses propres papiers. Problème réglé. Souleymane oublie. Sauf que le temps passe, et que d'autres incidents lui rappellent que le couperet s'apprête à tomber. Le lycée propose un séjour en Irlande ? Ce n'est pas possible sans papiers. Il a 17 ans. Cela devient angoissant. « Je me suis dit : je vais être expulsé, je vais perdre tout ce que j'aime, mes copains, tous les liens. »

Bien sûr, l'équipe du foyer s'est emparée du problème. Mais il est épineux. L'administration demande un acte de naissance. Il n'y en a pas. « Ils ont appelé le consulat, l'ambassadeur et tout. Mais en Côte d'Ivoire, il n'y avait rien, je n'étais pas sur les listes d'enregistrement. Alors ils ont pris un avocat, qui a parlé au juge. On a monté tout un dossier, pour prouver que je résidais en France depuis des années, que j'étais pris en charge, que j'ai été éduqué, avec mes bulletins, mes appréciations. Mon patron aussi a fait une lettre, pour attester que je suis quelqu'un de sérieux, qu'il n'y a pas de souci à se faire. On a envoyé tout ça au juge. »

Celui-ci, en l'absence de tout papier officiel du pays d'origine, peut établir un acte de naissance supplétif, fondé sur des témoignages. D'où le dossier, où tout peut entrer en ligne de compte, y compris les notes d'un élève, puisqu'au bout de la chaîne la question est d'accorder ou non le droit de rester sur le territoire français : ce sont autant de preuves d'intégration. À cet égard, Souleymane n'avait pas grand-chose à craindre. Difficile de faire mieux en la matière. C'est donc sans surprise que le juge lui accorde cet acte. Tout va bien.

À ceci près que, faute d'avoir bien mesuré la difficulté de la démarche, la procédure a été lancée très tard. La décision est prise mais le papier n'est toujours pas arrivé. Or il ne faut pas tarder à déposer le dossier de demande de nationalité ou, à défaut, de titre de séjour, avec cet acte mais aussi d'autres papiers, qui manquent encore alors que les 18 ans se rapprochent dangereusement. Très dangereusement même : c'est la veille de l'anniversaire de Souleymane que le foyer reçoit ces papiers. Il faut de toute urgence aller les porter au tribunal. Cela devrait passer, même si l'acte de naissance supplétif, lui, n'est toujours pas arrivé. Le juge, après tout, a décidé de le lui attribuer. De toute façon, c'est la dernière chance.

Survient alors le problème le plus dérisoire de l'affaire. Le tribunal n'est pas dans la même ville que le foyer. Il faut y aller en voiture, et aucun éducateur n'est présent. C'est là qu'intervient Géraldine, l'employée administrative qui va devenir proche de Souleymane, que pour l'heure elle connaît mal. Mais la situation est simple : elle est la seule adulte présente.

« On est partis tous les deux très vite, raconte-t-elle. Au tribunal, on rencontre une secrétaire, d'ailleurs fort sympathique, mais qui nous dit : j'ai besoin de l'acte ! Ou, en tout cas, d'un récépissé. Moi, je n'aime pas du tout laisser tomber. Impossible de baisser les bras et de dire : tant pis, dommage ! Non, ce n'était pas possible. Je me vois sur le parking du tribunal en train de faire des pieds et des mains. Je vais sur Internet, je cherche le numéro de l'avocat qui s'occupe du dossier. J'arrive à parler à un de ses collaborateurs, qui me dit qu'on va me rappeler. J'ai l'avocat. Je lui explique. Il se démène à son tour.

« On a eu le récépissé. J'ai pu l'apporter à la secrétaire, qui a tout fait pour accélérer les choses. Il s'était créé quelque chose avec cette dame. Il aurait suffi de rencontrer une personne qui n'avait pas envie ce jour-là, ou qui n'était pas dans l'empathie, et c'était fichu. »

L'essentiel est fait. Mais aucune décision n'est encore prise. Souleymane aura-t-il la nationalité française ? Un titre de séjour ? Rétrospectivement, on ne voit pas bien comment, avec son dossier, il pourrait échouer. Il en va tout autrement quand on attend, et que sa vie est en jeu. Souleymane a déjà franchi le cap du CAP. Il est au lycée. Il peut réussir, la suite va le prouver. Mais, pour l'instant, les dés roulent.

« Un peu plus tard, je ne sais plus quel jour, poursuit Géraldine, la secrétaire nous rappelle. Il faut retourner au tribunal, pour venir chercher un document. Elle ne m'en dit pas plus. Là encore, personne n'est disponible au foyer. On y va, Souleymane et moi. Dans la voiture, il me demande : "Tu crois qu'il va encore manquer quelque chose ?" Je lui réponds : "Écoute, je pense que c'est en bonne voie." Mais en réalité, je n'en menais pas large. On arrive au tribunal, et on se retrouve devant cette dame, qui nous dit : "Voilà, c'est le grand jour." Il avait la nationalité, et elle avait voulu nous faire la surprise ! On s'est regardés tous les deux. Émotionnellement, c'était… Rien que d'en reparler… On était là, devant un guichet, tous les deux. En plus, en principe, mon rôle dans tout ça n'était pas si important. C'était étrange d'être là à un tel moment.

« On est sortis. On s'est pris en photo sous l'olivier qui est devant le tribunal. Lui il avait son papier à la main. On est partis au restaurant, pour fêter l'événement. Je ne m'imaginais pas juste rentrer au foyer. Je lui ai donné le choix du repas. On s'est retrouvés dans un chinois. Après, je nous revois dans la voiture. On a appelé un éducateur dont il était très proche. On lui a dit : "Ça y est." C'est parti sur le ton de la plaisanterie. L'éducateur lui a dit : "Ah, tu es français ! Et on va t'appeler comment, maintenant ? Roger ?" Souleymane était heureux. Je le voyais regarder le paysage. Le moment était beau. Je me disais : dans sa tête, il doit se passer plein de choses… On n'avait pas besoin de parler.

« C'est resté comme ça entre nous depuis ce jour-là. On se le dit encore maintenant. On n'a pas forcément besoin de parler beaucoup, mais il y a un lien entre nous. À un moment, il m'a dit : "En voyant les photos d'anciens du foyer sur ton bureau, j'ai compris que tu les as gardés en tête." Il a ajouté en riant : "Bon, peut-être qu'avec moi, c'est encore un peu plus !" Depuis qu'il est dans son appartement, il m'appelle quand il a une question, quand il s'est accroché avec quelqu'un… Il n'accorde pas sa confiance facilement. Mais, ce jour-là, il a bien vu qu'il était hors de question pour moi de lâcher quoi que ce soit. Il a dû sentir qu'il pouvait compter sur moi. »

« J'ai vu qu'elle se faisait du souci pour moi », confirme Souleymane. Il me parle des photos sur le bureau de Géraldine. « Elle est toujours attachée aux gens, même s'ils ne sont pas là. Elle cherche à savoir ce qu'ils sont devenus. Elle aime aider les gens. Tu peux aller la voir pour des petits trucs. Et elle vient aussi au secours si ça ne va vraiment pas.

— Elle a été là pour vous le jour le plus important.

— Exactement.

— Si elle ne s'était pas démenée au tribunal, votre situation était compromise.

— Oui. On pourrait même dire ma vie. »

Quand elle pense à la furie autodestructrice qu'elle était à 12 ans, Tricia est comme Souleymane devant les copies bourrées de fautes de ses débuts au collège : elle ne se reconnaît pas. « Je n'étais pas comme ça, ce n'est pas possible. J'étais vraiment méchante. Vraiment. C'est horrible. C'était une autre Tricia, on va dire. »

Après le coup de semonce de Philippe Ribellès, elle se calme, apprend à se contrôler, s'interroge sur ce qu'elle veut vraiment. Elle ne pensait qu'à rejoindre sa mère, mais où est-elle ? Le processus qui s'amorce va tourner en grande partie autour de cette question. Tricia doit trouver des voies jusque-là inimaginables pour faire quelque chose de cette absence, la transformer en présence, puisqu'elle ne sait pas comment vivre sans sa mère. « Même aujourd'hui, alors que je ne souffre plus, que je suis très très bien, parfois j'ai des petits pincements. Je me dis : dommage, elle n'est pas là, elle ne connaît pas ma fille. Mais son esprit est là. »

C'est cette découverte, cette mystique à usage unique, bricolée en urgence, qu'elle va expérimenter dans les familles d'accueil où, peu de temps après le « à droite ou à gauche », on décide de la placer – « le foyer, ça n'allait pas pour moi ». Elle passe quelques mois dans une première famille. Un sas de décompression, où s'ébauche la nouvelle Tricia.

« Je prenais sur moi. Je ne me mettais plus en danger. Ils avaient des ruches. Le mari, qui savait mon passé – les éducateurs lui avaient tout expliqué –, m'y emmenait, pour me canaliser. Je faisais du miel avec lui. Ou il me faisait couper des arbres. Il m'occupait. Ça, c'était bien, même si je ne les aimais pas beaucoup. Et puis ils ont arrêté de faire famille d'accueil, pour des raisons personnelles. Je me suis dit : ce n'est pas possible, je commençais à peine à m'ouvrir, à sortir de ce truc noir. Quand est-ce que je vais arriver à me poser quelque part ? »

Il faut lui trouver une nouvelle famille. Ce sera Claire et Aurelio, à Beaucaire, la famille de Schouka, absente à ce moment-là : elle est à Orgon, où on l'a envoyée rejoindre son frère. Mais, comme d'habitude dans cette maison, il y a toujours beaucoup d'enfants placés. À son arrivée, Tricia, sur la terrasse, en voit courir dans le jardin. Elle a l'impression qu'il y en a des dizaines. « Je me suis dit : on m'enlève du foyer, on m'envoie en famille d'accueil et il y a plein d'enfants ? Je n'avais pas vu que c'étaient les mêmes qui passaient et repassaient. »

En réalité, ils sont cinq, Tricia comprise. Plus les deux enfants de la famille. Il faut se faire une place, en particulier affronter le « vrai fils », Rémy, dont on connaît la capacité à faire comprendre qu'il est chez lui. Mais peut-être a-t-il mûri et s'est-il habitué à la présence des autres enfants. Avec Tricia, les relations deviennent vite chaleureuses, ils jouent, font des blagues. « Il est comme mon frère », dit-elle aujourd'hui. Et il en va ainsi pour tout : Tricia se sent accueillie, protégée, elle aime être avec les enfants, elle aime être avec Claire et Aurelio.

La transformation amorcée dans la famille aux ruches se poursuit. Tricia a 13 ans. Elle a décidé de changer. Mais ce n'est possible que si tout, autour d'elle, est réuni pour lui permettre de déployer sa force intérieure, qu'elle découvre à mesure. Claire et Aurelio, raconte-t-elle, avaient peur pour elle et sans doute, au début, peur d'elle. « Claire me l'a dit, plus tard. Ils connaissaient mon passé. Tout ce que j'avais subi. Tout ce que j'avais fait subir. Mais, au lieu de se braquer, ils m'ont prise sous leur aile. Aurelio a été tout de suite… ben, comme un papa. Et Claire a été ma maman de cœur. »

L'éducation, surtout avec des enfants à ce point en morceaux, demande parfois de marquer des différences, de ne pas traiter tout le monde de la même manière, parce que certains demandent plus d'attention ou de tendresse, parce qu'on s'inquiète plus pour eux. À son arrivée dans cette maison, Tricia devait encore apparaître comme une petite fille toujours sur le point d'exploser. Il fallait l'entourer, l'accompagner en douceur vers cette paix qui, quelques mois auparavant, semblait inaccessible.

D'ailleurs, quand Schouka revient dans la famille avec son frère, cette différence de traitement lui saute aux yeux, et l'agace vite. « Il y avait du favoritisme, beaucoup de favoritisme envers Tricia ! J'étais jalouse d'elle. » Elles vont passer cinq ou six ans ensemble, qui dès lors ne seront pas de tout repos, mais sans rien de grave entre elles, semble-t-il. « On a partagé énormément de bonnes choses », dit Schouka, qui ajoute, à un moment, « on est d'anciennes copines d'enfance » et, à un autre, « je la considère vraiment comme une sœur ».

Bien qu'elles vivent toutes les deux à L'Isle-sur-la-Sorgue, elles se voient peu. Quand j'ai rencontré Schouka, une invitation avait été lancée : Tricia voulait lui présenter sa fille. Ce devait être leur première rencontre depuis trois ans. « Je sais que Tricia est triste qu'on ne se voie pas, dit Schouka. Mais je suis assez solitaire. Je ne suis pas quelqu'un qui recontacte ses amis. C'est un effort pour moi, un effort un peu ridicule, parce que, si on a envie, on le fait. Mais c'est comme ça. Je sais qu'elle se porte bien. Ils ont une fille magnifique. C'est ce qui compte, après tout ce qu'elle a traversé. »

Je n'ai pas rencontré Claire et Aurelio, qui ne le souhaitaient pas. Je ne sais pas comment ils se sont arrangés des jalousies, des sentiments de favoritisme qui, inévitablement, devaient surgir à intervalles réguliers dans la maison, mais un équilibre semble avoir été trouvé. Schouka, malgré les différends qu'ils ont pu avoir, a gardé un souvenir puissant de sa vie chez eux. À la fin, elle leur a dit qu'elle les aimait, et a demandé pardon. Elle pourrait peut-être dire d'eux, au moins en partie, ce que Tricia en dit : « Ils m'ont sauvé la vie. C'est eux qui m'ont sauvée. Si j'en suis là aujourd'hui, ils y sont pour quelque chose, énormément. »

Dans la précédente famille d'accueil, il lui arrivait encore de faire des fugues. Elle prenait le bus au hasard au lieu d'aller en cours. Elle ne se mettait plus en danger, mais il y avait toujours en elle ce flottement, cette impossibilité d'accrocher réellement à sa vie. « Quand je suis arrivée chez Claire et Aurelio, ça a été tellement apaisant que j'ai complètement arrêté les conneries. Je me sentais moins lourde. J'avais un poids en moins. Avant, je fuguais la nuit, et maintenant, la nuit, j'avais peur. J'avais même peur des orages. Je me faisais une cabane dans mon lit. » Il n'y a plus rien à craindre quand on veut mourir. La peur revient avec le reflux de la rage, et la renaissance du désir de vivre. « Ça voulait dire que j'étais consciente », résume-t-elle.

C'est alors qu'elle va retrouver sa mère. Sa mère renaît, si l'on veut. Elle prend une autre forme. Elle se met à « traîner » dans la vie, comme dit Tricia, tout autre et, en même temps, tout entière présente à sa fille. « C'est bizarre à dire, mais c'était comme si elle m'envoyait… je ne sais pas, des messages. Comme si elle me disait allez, va, sois souple, sois tranquille. Quand Philippe m'avait parlé du “à droite, à gauche”, c'est comme si elle m'avait dit à travers lui : il faut que tu arrêtes tes bêtises. Tu vas à droite, et tu arrêtes. Elle n'est plus là, son corps n'est plus là, mais son âme est là.

« Même actuellement, il y a des fois où je la sens présente. Les gens me prennent pour une folle quand je dis ça, mais c'est ainsi. L'autre jour, en voiture, j'ai eu un petit accrochage. J'avais relâché mon attention, mon cerveau était ailleurs. Et d'un coup, je me suis mise à freiner, juste à temps. J'ai à peine heurté l'autre voiture. Ça aurait pu être bien pire. C'était comme si quelqu'un m'avait réveillée. »

Chacun peut interpréter comme il veut une anecdote de ce genre. L'important, c'est ce qu'elle en fait, la grammaire qu'elle met en place à partir de là pour trouver un langage commun avec l'absente, avec celle qui ne peut plus lui parler et qui pourtant doit lui parler, dont la parole est nécessaire à son équilibre, à sa capacité d'évoluer. Elle me raconte aussi ce jour, dans la famille d'accueil, où, juchée sur un mur, au-dessus du vide, elle avait commencé à se pencher, puis était repartie en arrière, tombant d'un coup de l'autre côté. « Comme si on m'avait retenue, en me disant : oh, tu es en danger, là, reviens ! »

Il faut qu'on lui dise « oh ». Il faut qu'on la retienne. Il faut une force, à l'extérieur, pour soutenir la sienne, et ce contact, ce peau à peau d'une mère et d'une fille, si brutalement interrompu. « Parfois, chez Claire et Aurelio, je sentais qu'une de mes mains était froide, très froide, alors que l'autre était bouillante. Elle était là. Elle me touchait. C'est ce que je me suis dit. C'est ma maman qui est là, qui est fière de moi, qui me touche, qui me dit : allez, hop, on y va, on continue. »

Elle apprenait à connaître sa mère, dans son état de morte. Cela pouvait prendre une forme ou une autre, mais elle devait entendre et ressentir, éprouver dans son corps qu'elle n'était pas seule de ce côté de la frontière. Elle cherchait une brèche. Elle l'a trouvée. « De toute façon, je n'avais pas le choix », dit-elle, avant d'enchaîner sur la suite, la vie chez Claire et Aurelio, parents « de cœur », parents en ce monde, quoi qu'il advienne de l'autre. Elle me parle des amis, de la passion des chevaux, qui s'amplifie, débouche sur le choix de suivre une formation pour devenir palefrenière, de Kevin, qu'elle rencontre bientôt.

Parfois, un miracle se produit. La violence, l'abandon, le deuil, la menace constante qui pèse sur vous, sur tout ce que vous êtes, tout ce que vous pouvez devenir, font place nette à un degré que ne mesurent pas toujours ceux à qui une place a été accordée, ou qui en ont l'illusion. Tricia et les autres ne peuvent pas se raconter qu'ils sont à l'abri, fragile espérance du reste de l'humanité, que la vie se charge de balayer. La sécurité est, au mieux, un souvenir, et ils n'ont pas le choix de refuser le bizarre, l'inattendu. Au contraire, parvenus à ce stade où leur vie se décide, ils s'y précipitent.

C'est ce que fait Audrey quand elle rencontre un petit garçon étrange, dont on ne sait que faire. Elle vient d'entrer, à 17 ans, à la Maison familiale rurale de Barbentane, après avoir décidé de sortir du système scolaire classique. Elle a deux ans pour obtenir son CAP et, plus encore, décider, grâce aux stages, du métier qui pourrait l'intéresser. Elle se retrouve dans un supermarché, une maison de retraite, une jardinerie, fait de la vente, de la cuisine, du secrétariat, sans que rien se dessine, sauf quelques dégoûts, pour la cuisine notamment – « je déteste ! » –, jusqu'au jour où, en première année, on l'envoie dans une école maternelle de Châteaurenard.

« Et là, en moyenne section, je tombe sur Max*. En fait, c'est lui qui est venu me voir quand je suis entrée dans la classe. Il avait une difficulté, un handicap, on ne savait pas quoi exactement. Il était très agité. Il faisait sa vie de son côté, il n'était pas connecté à son environnement. À l'école, on avait vu dès la petite section que ça n'allait pas, mais sa mère était dans le déni. Là, elle commençait juste à accepter qu'il était différent. Et il s'est attaché à moi. Il ne me quittait plus.

« Malheureusement mon stage ne durait qu'une semaine. Mais j'ai pu revenir un peu plus tard, pour en faire un autre. Sauf que j'ai changé de classe. Il m'a vue passer, alors il s'est mis à me chercher dans toute l'école, littéralement. Il faisait des crises, il criait, il se mettait à pleurer. En plus, on ne comprenait pas son langage, il avait aussi des troubles à ce niveau-là. Mais bon, c'était clair qu'il me cherchait. Surtout qu'il a fini par me trouver chez les grands et que ça a été tout de suite le soulagement. Il s'est jeté dans mes bras. Je ne pouvais pas m'en débarrasser. Du coup, la directrice a décidé de me remettre chez les moyens. Elle voyait le bien-être que je lui apportais ! Je suis devenue son AVS[1], en quelque sorte. »

---

1. Auxiliaire de vie scolaire – personne chargée d'aider, en particulier, les élèves handicapés.

Que se serait-il passé si Audrey n'avait pris goût à rien au fil de ses stages ? Il aurait bien fallu faire quelque chose, trouver un métier. Mais c'était au risque de s'étioler. Il fallait un rêve, un désir plus puissant que l'angoisse. Un Max était nécessaire. « Ce qui s'est passé avec lui a vraiment été le déclic. Je me suis sentie utile. Je voyais le bénéfice pour lui. On me l'a dit à l'école : le fait qu'il ait montré qu'il avait besoin d'être aidé, qu'il fallait que quelqu'un comme moi le prenne en charge en plus de l'institutrice, a aidé la mère à accepter qu'on lui donne un accompagnement plus adapté. Ce stage a joué un rôle important dans ma vie et dans la sienne. »

Elle repart ensuite pour d'autres stages, sans revenir dans cette école, et ne revoit pas Max, sauf une fois, trois ou quatre ans plus tard, dans la rue. « Il était en sortie scolaire. Je l'ai reconnu. Son visage ne s'était pas effacé. On sentait qu'il y avait toujours cette différence. Mais il était intégré dans une classe "normale", ce qui voulait dire qu'il avait tenu, qu'il avait progressé. J'avais su qu'on avait fait un roulement, quand il était encore en maternelle : trois jours à l'école, deux dans un établissement spécialisé. Peut-être que ça continuait. Mais c'était bon pour lui, puisque ce jour-là il était au milieu des autres, et qu'il semblait content. C'était beau. J'avais été au début de ce qui l'avait amené là. »

À la fin de la première année, une réunion est organisée à la Maison rurale durant laquelle chaque élève explique l'orientation qu'il pense choisir. La mère d'Audrey vient, accompagnée d'une éducatrice des Matins bleus. Audrey prend la parole et dit, avec, j'imagine, toute la fermeté dont elle est capable quand elle veut enfin quelque chose, qu'elle a décidé de travailler « avec des personnes en difficulté ». Elle sait déjà l'essentiel, et elle peut le dire devant tout le monde, même devant sa mère. Elle a 18 ans. C'est parti.

Elle se renseigne sur les métiers qui existent dans ce domaine, les formations, les niveaux requis. « Moniteur-éducateur, c'est le bac. Éducateur, c'est plus haut. Je n'aurais pas pu. Ce qui se dessine très vite, c'est que je peux devenir AMP, aide médico-psychologique. Entrer dans l'école qui donne ce diplôme ne demande que de passer un oral, et le CAP suffit. » Conséquence : il devient « crucial » de ne pas le rater, ce qui ne va pas du tout de soi du point de vue d'Audrey, qui, toute décidée qu'elle soit désormais, conserve intacte sa capacité de douter d'elle-même.

Elle se concentre donc entièrement sur son diplôme. À chaque étape, le processus est le même : puisqu'elle doute en même temps qu'elle désire, elle se déchaîne. Tout se passe comme si elle avait besoin de se répéter qu'elle peut ne pas être à la hauteur pour trouver la ressource de s'y hisser. La volonté, chez elle, ne peut être qu'explosive, ou atone, et par bonheur, elle devient explosive dès qu'il le faut. « Il fallait que j'aie 14 en maths, sinon je ratais le CAP. Toutes les autres matières, ça allait, mais j'ai toujours été nulle en maths. Au foyer, c'était terrible, quand Nicolas me faisait travailler. On s'engueulait. Eh bien, j'ai eu 14 ! Nicolas était mort de rire quand je le lui ai dit. “Mais comment t’as fait ?” Je ne sais pas ! J’ai réussi, c’est le principal. »

Le CAP, c’est en juin. Le concours pour devenir AMP a lieu en février de l’année suivante. À la rentrée, elle commence à travailler dans une école de Barbentane, essentiellement comme agent d’entretien. L’année précédente, elle s’est installée dans un appartement de Châteaurenard, au titre du contrat jeune majeur. Elle a besoin de travailler, malgré le petit pécule qui accompagne le contrat. Ce n’est pas une période simple pour elle. Février lui paraît loin, et comment être sûre qu’elle réussira le concours, même si ce n’est qu’un oral ? Aussi bien, la vie en appartement la déstabilise. Elle vit dans des foyers depuis l’âge de 6 ans et, on le sait, elle a beaucoup aimé être entourée, choyée par des éducateurs. Elle pense avoir besoin d’eux pour vivre, et la voilà seule.

« Au début, j’ai très mal vécu l’appartement. Il fallait faire la cuisine, tout ça. C’était brutal. Je manquais de tout : le cadre, les gens, le côté maison familiale, le cocooning… Et donc je n’étais jamais chez moi. Je crois que je ne rentrais à l’appartement que pour dormir. J’étais tout le temps au foyer.

— Ils ne vous chassaient pas ?

— Non… Enfin, si, au bout d’un certain temps, ils ont fini par me chasser. C’était le but. Si j’avais un appartement, ce n’était pas pour vivre au foyer. Mais ils y sont allés tranquilles.

— Vous n’aviez pas de plaisir à être plus indépendante qu’avant ?

— Si, quand même. Je n'avais plus quelqu'un sur le dos en permanence. Je pouvais respirer. D'ailleurs, je m'y suis faite, peu à peu. Mais ça a été dur. »

En plus, il y a les garçons. Au foyer, déjà, dans les dernières années, elle a commencé à en voir, en ville. « Ce n'étaient pas des bons garçons. C'étaient un peu des cassos. Je manquais d'affection, du coup je la cherchais auprès des hommes. J'ai eu des moments compliqués. Mais rien de grave. L'adolescence, quoi. » L'atmosphère, parfois, est lourde dans le petit appartement de Châteaurenard. Et la vie est fatigante. Barbentane est à dix kilomètres. Elle passe son temps sur son scooter, pour aller à la Maison rurale ou, dorénavant, à l'école où elle travaille.

Elle s'est inscrite au concours. À l'école, la directrice s'est montrée compréhensive. Si elle le réussit, elle quittera son poste, tant pis, on trouvera bien quelqu'un d'autre. Si elle le rate, elle pourra rester et le repasser l'an prochain. Ce serait long. Attendre février est déjà tellement usant. Mais, au moins, elle sait qu'elle ne joue pas toutes ses cartes d'un coup. Et, une nouvelle fois, qu'il y a des gens pour la soutenir, qu'elle peut compter sur eux, condition nécessaire pour prendre confiance.

« J'ai donc passé le concours. C'est-à-dire que je suis allée à Montfavet, à côté d'Avignon, avec mon scooter, et que je me suis retrouvée devant un jury.

— C'était impressionnant ?

— En fait, non. C'était exactement comme là, avec vous. Ils me posaient des questions : pourquoi vous voulez faire ça, qu'est-ce qui vous a emmenée là ? C'était vraiment une discussion.

— Vous l'aviez préparée ?

— Non, parce que je ne savais pas ce qu'on allait me demander. J'allais dans l'inconnu.

— Vous leur avez parlé de Max ?

— Oui, bien sûr, je leur ai parlé du petit garçon qui a fait que... Je leur ai dit que ça avait été important pour moi. Je leur ai aussi parlé de mon expérience d'enfant placée, parce que ça a beaucoup joué dans ma vocation. J'ai été entourée d'éducateurs et dans le métier d'AMP, eh bien, je serais encore entourée d'éducateurs... Ils m'ont demandé comment j'allais réussir à me détacher de ce que j'avais vécu. Je leur ai dit : honnêtement, je ne sais pas, parce que je ne connais pas le métier. Je suis là pour ça, pour apprendre. Mais je ne pense pas que ça va me freiner. Je suis consciente du fait qu'il faut bien distinguer la vie et le côté professionnel. Surtout avec un public de handicapés, puisque c'est avec eux que j'avais envie de travailler.

— Ça, pour le coup, ça n'avait rien à voir avec Les Matins bleus.

— Non, mais ça avait à voir avec ma mère, qui a une déficience, et avec mon frère, qui a un handicap physique. J'étais quand même un peu plongée dedans.

— Ce métier vous raccordait à la fois à votre famille et aux Matins bleus. Vous faisiez la synthèse.

— C'est ça ! répond-elle en riant. De toute façon, on ne fait pas ces métiers par hasard. »

Elle est prise. Elle commence l'école, toujours à Montfavet, fin février 2014. L'année prochaine, si tout va bien, elle sera diplômée et, peu de temps après – elle est née en mai –, atteindra les 21 ans fatidiques. Fin du contrat jeune majeur, plus d'aides, il faudra travailler tout de suite. C'est jouable, mais le calendrier est serré. « Je me suis dit : il faut que tu te bouges les fesses. J'ai décidé de passer le permis, je savais que ça m'aiderait, si jamais je trouvais un travail trop loin. J'ai passé l'été 2014 à le préparer. Et je l'ai eu. En gros, il ne manquait plus que le diplôme, que je devais passer au mois de février suivant. »

Les Noëls des Matins bleus sont des moments importants. Tout le monde est rassemblé, les enfants de tous les foyers, les éducateurs, les familles d'accueil. Quand le temps est venu, on peut dire à l'assemblée qu'on a franchi un cap, comme l'avait fait Schouka lors du goûter où elle avait demandé pardon. Le Noël 2014 est le dernier qu'Audrey passera aux Matins bleus. L'an prochain, elle sera devenue celle que j'ai rencontrée : une adulte, qui continue de voir ses anciens éducateurs, mais comme on voit de vieux amis, ou sa famille, quand on s'en éloigne. Alors, même si elle n'a pas encore son diplôme, elle doit dire quelque chose, et le permis va tenir lieu de cap.

« D'habitude, quand je réussissais quelque chose, j'appelais Nicolas. Mais là, je voulais vraiment garder mon permis secret, pour l'annoncer devant tout le monde. Et donc, j'ai pris la parole. J'étais fière. J'ai dit aux jeunes qu'ils avaient beaucoup de chance d'être aux Matins bleus, même si des fois les éducateurs nous cassent un peu les pieds. Ce n'est pas grave, parce que moi, si j'en suis là aujourd'hui, c'est grâce à eux. Bon, c'était Noël, c'était la fête, tout le monde avait la tête ailleurs. Je ne sais pas si le message est passé. Mais il fallait que je le dise.

« Et après, j'ai fini par dire : j'ai une autre bonne nouvelle. Nicolas, tu n'es pas au courant. Alors là, il me regarde, il regarde tout le monde. Eh bien voilà, j'ai eu mon permis. Mon objectif, c'était de l'avoir pour la fête de Noël, et j'ai réussi, j'ai mon permis. Nicolas a eu un grand sourire. Il comprenait ce que je voulais dire. Deux mois après, je devais passer mon diplôme. C'était bientôt la fin. Et pourtant, j'étais mal partie. Au début, je devais aller en CLIS. Avec mes parents, ça n'a pas été simple. J'ai aussi eu des moments compliqués avec les garçons. Mais tous les efforts allaient finir par payer. »

Février vient vite, une fois Noël passé. Le concours a lieu à Marseille, pas loin du stade Vélodrome. Cela tombe bien : elle est supportrice de l'OM. Elle fait un détour pour voir le stade. « Ça me donne de la force. » L'écrit l'effraye un peu. Il y a des maths. « J'appelle Nicolas, je lui dis : écoute, je suis stressée. L'écrit, ce n'est pas mon point fort. Mais aujourd'hui, ça va l'être, je vais tout déchirer. Et voilà, je l'ai eu. » Je lui fais remarquer que les choses se passent toujours de la même manière : c'est dur, elle a peur, mais elle fonce et elle déchire tout, comme si la pression lui donnait l'impulsion dont elle avait besoin.

« C'est vrai, répond-elle. Et je peux vous dire qu'à chaque fois, toutes les étapes de ma vie défilent dans ma tête. Ça aussi, ça me donne de la force. Je pense aux moments où j'ai réussi d'autres examens. Mais je pense aussi aux moments difficiles, que j'ai réussi à surmonter. Il me faut les deux. »

Il ne lui reste plus qu'un oral à passer. « D'habitude, j'étais plus à l'aise à l'oral qu'à l'écrit, mais alors là, pas du tout, c'était l'inverse. D'ailleurs, je ne sais pas comment j'ai fait. C'est comme les maths au CAP. Je ne sais pas ce qui s'est passé, mais ça s'est passé. » Elle réussit. Elle est AMP, comme elle avait décidé de l'être dans cette classe de maternelle, quand Max était venu la chercher.

Lorsque, à 18 ans, elle arrive à L'Isle-sur-la-Sorgue, commence un CAP restauration, le laisse tomber aussi sec et se retrouve sans rien, Schouka a déjà accompli son rituel de passage de cap au goûter des Matins bleus, qui, pour elle, valait bien un Noël. Il y a dans sa vie les mêmes étapes que dans celles de Tricia et Audrey – les moments décisifs, où tous les enjeux et tous les possibles se cristallisent tout à coup, les miracles, les rencontres providentielles, les rituels – mais pas au même rythme. Rien n'était joué quand elle a éprouvé le besoin d'éclairer rétrospectivement les années passées chez Claire et Aurelio en leur disant qu'elle les aimait. En refermant cette période, Schouka creusait au contraire le vide autour d'elle, et s'y jetait. Les miracles viendraient plus tard. Il fallait commencer par faire place nette.

C'est ce qu'elle accomplit à L'Isle-sur-la-Sorgue, dans le petit appartement que Les Matins bleus lui louent grâce au contrat jeune majeur. Elle ne sait pas ce qu'elle va devenir. Elle laissera le sort en décider. Pour l'heure, elle vit grâce au pécule lié au contrat et à des petits boulots dans des magasins, tout en ne pensant qu'à une chose : s'amuser.

« Pendant six mois, je n'ai fait que sortir. J'étais tombée sur une copine, avec qui j'ai été élevée dans ma famille d'accueil. On a commencé à passer beaucoup de temps ensemble. On allait à Avignon, on faisait les 400 coups. C'était vraiment la fiesta, les amis, les amours, les festivals… On a beaucoup fait le festival d'Avignon. Moi qui étais très timide, j'ai appris grâce à elle à aller de l'avant, à rencontrer des gens. On allait dans des soirées où on n'était pas invitées. On est des filles, c'est facile de s'incruster. On en a profité. J'ai rencontré un danseur que j'avais vu sur les réseaux. Histoire d'amour, machin et tout le bastringue. Résultat : c'était un enfoiré. Mais on s'en fichait un peu. On était toutes les deux. On était complices. C'était très fusionnel.

« En fait, j'ai fait ma crise d'adolescence très tard. Quand j'étais chez Claire et Aurelio, je ne pouvais pas sortir. Donc j'ai rattrapé mon adolescence en six mois. J'avais des limites, en même temps. Je ne me droguais pas, je ne faisais pas ce genre de choses. Juste, je m'amusais. C'était bien. C'était un moment privé, on va dire. Un moment rien que pour moi.

— Vous ne vous occupiez pas du tout de votre avenir ?

— Non. Enfin, j'y pensais beaucoup. On peut dire que je m'en occupais partiellement, dans ma pensée. Très partiellement.

— Vous vous disiez que vous alliez faire quoi ?

— Je ne savais pas. Je prenais quelques infos, je les rassemblais, mais ça ne marchait pas, j'étais trop jeune, pas impliquée… Ça a duré comme ça entre mes 18 et mes 19 ans. Après, je me suis bougée. »

Déjà, il faut trouver du travail. Elle a beau être logée gratuitement, les 400 euros des Matins bleus et les petits boulots ne suffisent plus. Elle a rendez-vous chez Picard, pour faire de la mise en rayon. « La base », comme elle dit : de quoi vivre, point. La perspective la décourage suffisamment pour que, le jour de l'entretien, elle pousse la porte du Point information jeunesse de L'Isle-sur-la-Sorgue, en espérant que son responsable, Paolo*, ait autre chose à lui proposer. Elle le connaît bien. Il l'aide déjà à trouver ses petits boulots. Elle a à peine le temps de lui expliquer que cette fois, elle voudrait un vrai travail, quelque chose qui dure, qu'un jeune homme et une jeune fille entrent dans le bureau.

« Et là, le jeune homme dit à Paolo : "Tu n'aurais pas un jeune à me présenter, pour un service civique ?" Il me jette un coup d'œil. Je lui dis bonjour. Il me dit bonjour. Paolo lui répond : "Regarde, voilà, je te présente Schouka. Elle cherche du travail." Moi, je bredouille : "Euh, ouais, ok…" J'avais mon entretien chez Picard vingt minutes plus tard. J'ai réussi à lui dire : "Si vous voulez, on peut parler. J'ai un quart d'heure." Il bossait à la Mission locale[1], juste

1. Les aventures de Schouka dans le maquis des aides publiques imposent une note de bas de page, vu le nombre de dispositifs qui, par bonheur, s'offraient à elle :

à côté. On y est allés. Il s'appelait Damien*, la jeune fille, Tiffany*. Elle était en service civique, justement. Damien était le responsable de RDS, Réseau digital et social, un site d'information sur Internet qui dépend de la Mission locale. On y fait des vidéos, de la radio, pour mettre en valeur les activités de la Mission et des partenaires. Il y en a beaucoup. La Mission couvre tout le Luberon. »

Quatre ans de la vie de Schouka vont se décider durant ce quart d'heure à la Mission locale. Damien lui montre le studio, lui explique la manière dont le travail fonctionne, les tâches qu'on lui confierait. Les choses peuvent aller vite : elle fait un jour de bénévolat, et c'est bon ou pas pour le service civique, selon la décision du président de la Mission. Schouka accepte. Damien lui donne rendez-vous pour le lendemain. Elle appelle Picard, prévient qu'elle ne se rendra pas à l'entretien : elle n'est plus libre.

Point information jeunesse : structure mise en place par des collectivités territoriales ou des associations, labellisée par le ministère de l'Éducation, qui propose des conseils sur les formations, les aides et les emplois.

Service civique : dispositif permettant à des jeunes gens de 16 à 25 ans de s'engager pendant six mois à un an dans une mission d'intérêt général.

Mission locale : antenne de la politique de l'emploi gérée par le ministère du Travail et les collectivités locales, qui soutient les mêmes 16-25 ans dans leurs recherches d'emploi. Logiquement, Schouka aurait dû bénéficier de ses services plutôt que de ceux du Point information jeunesse. Mais ce n'est pas si simple et, au bout du compte, il y a des Paolo ou pas.

Le surlendemain, son service civique commence. Damien lui propose de passer tout de suite devant la caméra, pour faire une interview. « Et du coup, paf ! “Schouka Nguyen, notre reportrice.” Je me suis dit : “Quoi ??” » Tiffany la forme, l'épaule, devient sa meilleure amie. Une vie nouvelle vient de commencer. La précédente s'est effacée en un jour.

« Et là, je me suis dit : ça peut arriver même à moi. C'est à ce moment-là que j'ai compris qu'en fait, rien n'est impossible. Si je n'avais pas suivi Damien à la Mission locale, je fermais la porte. Mais c'est quoi, l'excuse pour dire non ? Tu n'as rien, tu n'as pas de boulot, tu fais la fête depuis six mois… Il a l'air gentil. Donc tu fonces. Et Damien est devenu comme un deuxième papa pour moi. »

Quelques semaines après, Tiffany arrête son service civique du jour au lendemain, alors que l'équipe travaillait à un gros projet. Panique. Schouka pense avoir encore besoin de son amie. Mais elle y arrive aussi bien seule. Elle y gagne des responsabilités supplémentaires, devient indispensable. Ça tombe bien : son service civique est prévu pour durer neuf mois, et l'échéance arrive vite. Damien et le président de la Mission locale lui proposent de rester. Ils lui trouvent un nouveau cadre : le PEC[1], qui peut durer un an, renouvelable

1. Schouka dans le maquis des aides, suite : le PEC, Parcours emploi compétences, est un contrat de travail de droit privé aidé par l'État, à destination des associations. L'aide peut représenter jusqu'à 80 % du SMIC horaire brut.

une fois. Celui de Schouka, par exception, sera renouvelé trois fois.

Le service civique lui valait une indemnité de 500 euros mensuels – pour 20 heures par semaine. Avec le pécule des Matins bleus et l'appartement gratuit, c'était convenable, me dit-elle. Le PEC lui permet de toucher 200 euros de plus, toujours à temps partiel. Cela pourrait devenir confortable. Mais elle est lasse des Matins bleus. Les éducateurs qui la supervisent, à L'Isle-sur-la-Sorgue, lui paraissent distants, elle ne les voit jamais. Le lien est rompu, plus nettement encore qu'après l'histoire du lycée nîmois, de l'internat, de l'amertume qui s'était installée entre Claire, Aurelio et elle. À l'époque, elle avait pardonné et demandé pardon, mais à qui pardonner, quand il n'y a plus de relations ?

Elle préfère laisser tomber. Elle quitte le contrat jeune majeur avant ses 21 ans, quand elle signe son premier PEC. « Je n'ai plus voulu les voir. Je n'avais plus besoin d'eux. Je me suis formée toute seule. J'ai trouvé du travail toute seule. Je me suis aussi débrouillée pour trouver un appartement, puisque, du coup, il fallait que je quitte celui des Matins bleus. J'ai tout trouvé, c'était bon. » Et si sa situation financière s'en ressent forcément, elle découvre d'autres aides sociales encore, qui peuvent compléter le PEC – « des aides de l'État, des aides de la Mission locale, des aides pour les jeunes… » – et la renflouent. Elle en bénéficie toujours, un an après la fin de son dernier PEC. « Elles durent jusqu'à mes 25 ans. J'en ai 24, il me reste un an à gratter ! »

Les anciens enfants placés peuvent basculer à la fin de leur contrat jeune majeur – quand, déjà, ils ont eu la chance d'en avoir un. C'est, comme les 18 ans pour ceux qui ne l'obtiennent pas, un moment-clé, où beaucoup se retrouvent à la rue, dérivent. Des défaillances éducatives, dans leurs foyers, leurs familles d'accueil, la supervision de l'Aide sociale à l'enfance sont alors évidemment en cause. Le but du travail des éducateurs est d'empêcher cette débâcle. Si elle a lieu, leur échec est patent.

Pour autant, on ne peut pas la décrire comme un abandon en rase campagne. C'est un changement de mains : la société peut prendre le relais quand les éducateurs ne sont plus là. À regarder les droits qui s'offrent à lui, il n'est pas possible de dire qu'un jeune citoyen français, ou étranger en situation régulière, est livré à lui-même. À ceci près que ces droits peuvent, en revanche, rester théoriques. Il y a d'autres gens que les éducateurs, des Paolo, des Damien, des Missions locales, des contrats, des subventions, des portes à pousser partout. Mais, justement, il y en a tellement qu'il est difficile de s'y repérer, en particulier quand les éducateurs n'ont pas donné les bonnes informations, ou appris à s'en servir. Et, parfois, on n'a plus la force de pousser des portes.

Que serait-il arrivé si Schouka ne s'était pas dit « ça peut arriver même à moi » ? Si, en réalité, elle ne s'était pas préparée à se dire cela depuis des années, depuis, peut-être, qu'elle avait réussi à se défaire du poids de sa mère sur sa vie, et, à travers elle, de celui des traumatismes subis ? Aurait-elle eu la capacité de jouer de toutes ces aides avec une telle maestria ? D'autres n'ont pas cette ressource, cette chance, n'ont pas connu ce miracle – peu importe le mot qu'on met sur cette chose indéfinissable, qui fait les Schouka, les Tricia, les Audrey, les Souleymane, les Jimmy, parce qu'elle leur permet d'être aidés, ce qui demande toujours, quoi que fasse la société, d'accepter de l'être. D'autres sont détruits. On ne pousse pas la porte des services d'aide, quand on est détruit. On ne dit pas oui à quelqu'un qu'on croise par hasard et qui vous offre un travail passionnant, quand on est détruit.

Schouka a mérité ce qu'elle a obtenu. Cela ne signifie pas que ceux qui échouent échouent par leur faute. La notion de mérite est aujourd'hui de plus en plus radicalement contestée, accusée de ne pas tenir compte des facteurs sociaux de l'échec et de la réussite et, dès lors, de stigmatiser ceux qui n'y arrivent pas, en les renvoyant à leur seule responsabilité. Bien sûr qu'il faudrait être un salaud pour dire à un ancien de l'Aide sociale qu'il n'avait qu'à se bouger comme Schouka, que tout était à portée de main, qu'il n'avait qu'à se servir. Il n'a plus de mains, idiot. Rien, pourtant, ne permet de dénier à Schouka et aux autres leur propre mérite, cette réalité hybride où il entre de l'autre et de soi, de la chance et du rebond, de la société et de la liberté.

Schouka a mérité ce qu'elle a obtenu, et en même temps quel sens cela aurait-il, d'affirmer qu'elle ne le doit qu'à son mérite ? Elle est tombée sur les bonnes personnes, au bon moment. La qualité du travail des éducateurs, malgré leurs erreurs, ou ce qu'elle perçoit comme telles, l'inscription dans le temps, la stabilité des équipes, des règles, des repères, mais aussi l'intelligence et la sollicitude de Claire et Aurelio, Paolo, Damien, Tiffany, du président de la Mission locale, des professeurs, des camarades… Je ne sais combien de gens, personne, même Schouka, ne peut savoir combien de gens l'ont aidée, et quels hasards, ou quels miracles, les ont mis sur sa route.

« Nous sommes des révélateurs », me disait Claude Robin, le directeur des Matins bleus, quand il me parlait des incertitudes qui demeurent les siennes après des décennies de métier. Les gens qui se sont occupés de Schouka ne sont pas responsables des situations qu'elle a su créer. Mais ils l'ont rendue capable de les créer. Le mérite est circulaire : un apport entraîne le suivant, et les apports des uns et des autres sont indémêlables. Cela n'empêche pas le mérite d'exister, puisque tout ce qui existe est indémêlable.

Certains, reçus dans les structures de l'Aide sociale à l'enfance, tombent au contraire sur les mauvaises personnes, ou sur les bonnes et les mauvaises tour à tour, se retrouvent, parfois, dans des structures intrinsèquement défaillantes, sinon perverses, sont abusés, brutalisés, méprisés, ou simplement traités avec maladresse, ou encore rencontrent d'autres jeunes qui les entraînent dans la violence, la drogue, la prostitution, le désespoir au bout du compte. Là aussi, les facteurs sont innombrables. Des enfants élevés aux Matins bleus ont très mal tourné, alors qu'ils semblaient bénéficier du même appui que les autres. Il y a eu un accroc. Ou bien il y avait quelque chose, en eux, qui était trop abîmé.

Ce sont des réalités qui ne peuvent pas être intégralement objectivées. Schouka, dans sa petite enfance, a connu le pire. Pourtant, elle n'a pas plus de mérite que ceux qui n'ont pas subi de tels traumatismes et qui, pour l'instant – sans préjuger de la suite, ni pour eux ni pour elle –, ne s'en sortent pas comme elle. Encore une fois : son mérite commence ensuite, une fois acquise cette possibilité de tenir debout, qui lui a été accordée, Dieu sait pourquoi, et qui n'a pas été accordée à d'autres, Dieu sait pourquoi. Le hasard, la chance ou le miracle l'a rendue disponible à ce qui pouvait la pousser en avant.

C'est toute la question, c'est même le sujet de ce livre, le secret que je traque chez Schouka, Tricia, Audrey, Souleymane, Jimmy. Je ne raconte rien d'autre en racontant leurs vies. Cette disponibilité, cet élan que leur mérite manifeste mais dont il n'est pas la source. On appelle parfois cette disposition à renaître « résilience », mot que je n'emploie pas, ne serait-ce que parce qu'il est usé, à force de servir à tout. Il faut toujours se méfier des mots qu'on utilise par réflexe : ils bloquent la réflexion là où elle devrait commencer, alors qu'aucun mot ne peut suffire, qu'aucune étiquette n'est assez large pour définir la réalité d'une vie.

Au demeurant, ce n'est pas de la résilience que j'observe ici, du moins dans son sens courant – les recherches des psychologues sont plus nuancées –, qui, à partir du vocabulaire de la physique des matériaux, décrit une manière, pour le psychisme, de se reconstituer après un choc traumatique. Schouka et les autres n'ont pas retrouvé je ne sais quelle forme psychique antérieure. Ils sont entrés dans un flux de métamorphoses, avec une vitalité qui consiste à accepter de se perdre, non pour se retrouver, mais pour fuir plus loin, et découvrir ce qu'on devient.

Comment permettre au maximum d'enfants et d'adolescents possible de trouver en eux-mêmes, non pas une solidité illusoire, mais cette vitalité, cette multiplication de soi qui vous projette en avant ? Il n'y a pas de question plus importante, touchant à l'éducation spécialisée. Toute réforme qui ne l'aurait pas en vue, qui n'aurait pas pour but de chercher les moyens de la réveiller ou de la faire naître serait vaine. Toute mécanique institutionnelle, aussi raffinée soit-elle, ne serait qu'un machin à tuyaux, si elle ne prenait en compte cette mobilité intérieure, ou cette liberté, c'est la même chose, qui seule peut arracher ces enfants à leur programme initial.

C'est pourquoi le refus de l'idée de mérite – telle qu'elle apparaît si l'on prend la peine d'en dessiner les limites, les contours nécessairement irréguliers – peut se révéler contre-productive. L'enjeu est qu'en dernier ressort, les enfants deviennent libres, qu'ils développent des ressources qui n'appartiennent à personne d'autre, aussi nombreux soient ceux qui les auront aidés à les acquérir. Qu'ils méritent leur vie, quand la chance leur a été donnée de pouvoir l'affronter. Comment feraient-ils, si on les persuadait d'avance que cette appropriation de leur destin, cette maîtrise d'eux-mêmes dont tout dans leur enfance avait concouru à les priver, étaient un but mensonger ?

Pendant qu'on se demande dans quelle case on pourrait la ranger, Schouka bondit d'ailleurs de l'une à l'autre en ne pensant qu'à laisser loin derrière elle le monde de son grand-père et de sa mère. Quoi qu'il en soit des conditionnements sociaux, il y a des moments où il faut bien prendre des décisions, et les prendre seul. Elle a dit oui à Damien et a passé quatre ans à faire un métier qu'elle aimait et où elle brillait. Au moment où elle s'apprêtait à signer son premier PEC, elle a rencontré un garçon et s'est installée avec lui. Ils vivent toujours ensemble, quatre ans après. La mesure de ce qu'elle a obtenu en faisant les bons choix pourrait lui paraître comble. Pourtant, il lui manque encore quelque chose, qu'elle va obtenir par ce même mélange d'audace, de disponibilité et de chance qui lui a donné tout le reste.

Elle s'était découvert, à l'adolescence, une passion pour la danse dont, depuis, elle ne faisait plus grand-chose, si l'on met de côté les soirées avignonnaises. « Je dansais à tous les spectacles de Noël des Matins bleus. Je ne faisais que danser, danser, danser. Je proposais toujours un truc, tout le temps. Je faisais beaucoup de vidéos sur Facebook. Je me filmais au bord de la piscine de ma famille d'accueil en train de danser. J'étais populaire ! J'étais trop connue ! C'était l'époque, hein. J'étais jeune. J'aurais voulu faire une école de danse, mais c'était trop cher. Et donc j'ai attendu d'être ici.

C'est le principe : tout ce que je n'ai pas pu faire en famille d'accueil, je l'ai fait ici. Il y a une école à L'Isle qui s'appelle Delta Hip Delta Hop. Je regardais leurs vidéos. J'avais envie de danser avec eux.

« Un jour, peu après mon arrivée, j'apprends qu'ils font une audition pour participer à une compétition, le Hip Hop International – on dit HHI. C'est mondial, comme son nom l'indique. Il y avait une première sélection à Marseille. Si le groupe était pris, on allait à Paris. Et après, à Las Vegas. Donc, je débarque à l'école et je participe à l'audition. J'étais une danseuse de piscine ! Je n'avais pas suivi un seul cours de danse. C'était compliqué. Mais, bon, je danse. Et après ils donnent les numéros de ceux qui sont pris dans le groupe. J'avais le 137. J'entends défiler tous les numéros. On arrive au dernier sélectionné : 137 ! Là je me suis dit : mais non ! Je n'en revenais pas.

« Et donc j'ai dansé avec le groupe à Marseille. On a été bons, on est allés à Paris. Et, à Paris, on a fini troisièmes ! Ça ne suffisait pas pour aller à Vegas, seul le premier était pris, mais c'était déjà formidable. C'était la première année que l'école participait au HHI. C'est une des plus grandes écoles françaises qui a fini première. »

Il y a quelques péripéties. Elle laisse tomber l'école après la compétition, puis revient, il y a une brouille, chacun boude de son côté quelque temps, puis on se rabiboche, et la directrice de l'école lui propose de donner des cours. Elle continue aujourd'hui, dans sa nouvelle vie, celle qui a commencé à la fin de son dernier PEC au studio de la Mission locale, quand elle a lancé son entreprise de couture. Sa vie de danseuse et de prof de danse, d'ancienne journaliste pour une webradio et, désormais, donc, de chef d'entreprise. La vie qu'elle voulait, sans trop y croire. Mais parfois tout vous tombe dessus. Disons que vous étiez préparé, même si personne, au bout du compte, ne connaît la recette.

À l'aéroport, Jimmy monte dans un taxi. Il ne connaît qu'un mot de portugais, « *aqui* », « ici », qu'il répète au chauffeur en lui montrant le papier où il a noté l'adresse de l'appartement. La voiture s'engage sur le pont en direction de la ville. Des bateaux sillonnent la baie en tous sens, se croisent, paraissent constamment sur le point de se heurter, mais non, ça passe, et sur la route c'est la même chose, les voitures, les camions, les scooters semblent surgir de nulle part, toujours plus nombreux à mesure que la ville s'approche, c'est un miracle que la voiture avance, mais elle avance, et Jimmy voit défiler les barres d'immeubles, les ateliers, les baraques de tôle, les rares piétons qui marchent dans la nuit.

Sur un panneau, « Copacabana ». Il aperçoit, au loin, l'ombre des collines qui bordent l'océan, bientôt, peut-être, le Christ Rédempteur apparaîtra, les bras ouverts au-dessus de Rio. La voiture traverse les favelas, blocs empilés de béton, de parpaings, de planches, tout à coup une villa incongrue, on change de quartier d'un instant à l'autre, les bidonvilles reviennent, puis d'autres barres d'immeubles, d'autres villas, d'autres baraques, des lumières qui clignotent, qui aveuglent au passage, ailleurs c'est la nuit profonde, entrecoupée par les phares des voitures, comme des flashes sur les murs décrépits.

À Arles, les amis avec qui il joue du samba lui ont donné le numéro d'une fille qui avait une place libre dans son appartement. Il ne sait pas grand-chose de plus. Pour l'heure, la ville se déploie autour de lui, et tout est neuf, tout est inédit, tout est aussi loin que possible de Plan-d'Orgon. Quand il arrive à l'appartement, il a juste le temps de prendre une douche. On repart, à six dans un taxi cinq places. Il est tombé sur un ami, un garçon d'Aix-en-Provence. Personne ne lui avait dit qu'il serait là. Ce sera la plus petite surprise de son séjour, mais à ce moment-là, elle le frappe. Il est déjà chez lui, en fait. D'ailleurs, les autres, de parfaits inconnus, ont beaucoup entendu parler de lui, par cet ami, par la fille qui les reçoit, et il est accueilli comme s'il avait toujours vécu à Rio.

Il est deux heures du matin lorsqu'ils rejoignent les musiciens de l'école de samba dont Jimmy, en France, a rencontré un des maîtres, qui lui avait dit « Viens au Brésil pendant le carnaval, tu joueras avec nous » : Portela – la Grêmio Recreativo Escola de Samba Portela, « école de samba de la guilde récréative Portela », pour être précis. Ils y passent la nuit à chanter, à danser, à jouer des percussions. « C'était le feu », répète Jimmy à propos de cette nuit et de la suite, de ces trois mois passés au Brésil, sa première sortie de France.

Il a 19 ans. On est en 2015. Il dépend encore des Matins bleus, qui lui louent un appartement à Arles dans le cadre du contrat jeune majeur. Les éducateurs l'ont aidé à préparer ce séjour. Ils lui ont versé une avance, l'équivalent de deux mois du pécule mensuel, 800 euros au total – il verra bien au retour de quoi il vivra –, ont trouvé un financement pour la moitié de son billet – il paye l'autre sur ses économies, accumulées grâce à des petits boulots –, tout a été simple avec eux, « merci encore », dit-il, « c'est grâce à eux, tout ce qui s'est passé là-bas ».

Il joue du samba depuis cinq ans mais ce qu'il découvre à Rio se révèle tellement vaste, tellement plus riche, varié, plus naturel aussi, que son rapport à la musique en est bouleversé. Il était encore dans le « blanc » avant de partir, dans ce flottement où la musique était à la fois l'essentiel et une impasse, parce qu'il ne pensait pas possible de lui consacrer sa vie. Il en sort ici. Vivre de la musique ne lui paraît peut-être pas plus facile. Mais cela devient désirable à un degré suffisant pour arrêter de douter, et foncer.

Dès le lendemain, il retourne à Portela. Les répétitions du carnaval ont commencé. Chaque grande école défile, c'est une compétition – tiens, comme Schouka et son concours de hip hop –, il faut être les meilleurs, et Portela a sa chance. Elle finira cinquième cette année-là, première deux ans plus tard. L'enjeu est de taille et Jimmy, en s'immergeant dans cette foule

– une école, cela peut regrouper des milliers de gens, tout un quartier réuni autour du samba –, est porté par cet élan. Il joue de la caixa de guerra, la « caisse de guerre », une caisse claire, qui, à Arles, est son instrument de prédilection. Mais ici, au milieu de centaines d'autres, elle sonne différemment, plus fort, plus intensément. Et c'est tout un univers qui s'ouvre.

« On ne joue pas du tout la même chose en France et là-bas. En France, on est dans la diversité, on fait des rythmes africains, des rythmes de Rio, des rythmes du Nordeste. À Rio, c'est samba, point barre, avec juste quelques nuances d'afro. C'est le samba pur, mais le samba, c'est tellement vaste. Il y a des milliards de breaks, de refrains si vous voulez, chaque école les fait très différemment des autres. Chaque école a sa propre couleur, ses propres phrases instrumentales, ses propres variations. C'était totalement nouveau pour moi. Mais je me suis super bien adapté. Il fallait obéir au doigt et à l'œil. Si tu te trompais, tu te faisais incendier. Je faisais gaffe. J'étais à fond. »

Il y a beaucoup de défilés pendant le carnaval. Le principal a lieu sur le Sambodrome, une grande avenue entourée de gradins, non loin de la baie, derrière la colline du Christ Rédempteur. C'est là que défilent les meilleures écoles et que Jimmy, quelques jours avant, participe à une répétition générale – juste les musiciens, sans costumes, sans chars –, sous une pluie battante.

« Je me suis blessé. La plaie est toujours là, elle n'a pas bougé. » Il me montre une grosse cicatrice sur un de ses doigts. « Mais sur le moment, je ne m'en suis pas aperçu. Ce n'est même pas parce que j'étais très concentré ou je ne sais quoi. C'est juste que, ben, on est là, quoi ! On est là, au milieu du Sambodrome. On est trois cent cinquante à jouer en même temps. J'étais avec mon pote d'Aix. On était fous tous les deux. C'était magique. Je n'ai pas arrêté de jouer. Du coup, je ne sais même pas comment je me suis blessé, je ne voyais rien, je ne sentais rien. Mais à la fin mon instrument était plein de sang. J'avais une cloque, qui s'était décloquée pendant que je jouais, et qui s'était mise à pisser. »

Vient le vrai défilé, l'apothéose du carnaval. Les gradins du Sambodrome sont noirs de monde. Près de cent mille personnes peuvent se tenir là, foule serrée sur les banquettes des parties hautes ou dans les buvettes qui occupent les parties basses, à hauteur de musiciens. Jimmy les fréquente aussi, d'autres soirs. Mais ce jour-là il est au milieu du Sambodrome, dans son beau costume bleu, et le « feu » de la musique, des trois cent cinquante membres de Portela faisant déferler le rythme vertigineux de leur samba sur leurs percussions est démultiplié par la foule ardente, qui les acclame, qui danse, pendant que les chars défilent. « Des frissons comme ça… », commence Jimmy. Il n'a pas besoin de finir sa phrase.

La fête, durant ces trois mois, est constante. Il y a la musique, les répétitions, le défilé, et encore la musique, le soir, dans les bars. Jimmy danse beaucoup – « enfin, je gesticule, je bouge les bras, quoi » –, boit pas mal, voit plein de gens et, encore une fois, a l'impression d'être chez lui, enfin. Le reste importe peu. À la fin, il n'a plus d'argent. Une éducatrice lui avait offert le *Guide du routard* sur le Brésil. Il le revend à un Français croisé par hasard. Il trouve « deux plans » pour gagner un peu d'argent en jouant du samba. « J'étais à Rio, et je me faisais payer pour jouer ! C'était beau. »

Et puis, il faut rentrer. On est en février. Il fait froid en France. Jimmy débarque en short, avec des claquettes aux pieds. « Je me suis cassé la gueule à l'aéroport parce qu'il pleuvait des cordes. On se gelait. Je n'avais pas de veste, je n'avais plus rien, j'avais tout laissé là-bas, j'avais tout jeté. À Rio, il faisait 40 degrés, il y avait une musique de ouf, une culture de dingue, des gens que j'appréciais. Je reviens en France et c'est la fin du monde. J'ai fait une dépression. Ça a duré quelques mois. J'ai vraiment pété un plomb. J'avais des ateliers de samba. J'ai laissé tomber. Démerdez-vous. Je me disais : ça ne sert à rien, c'est de la merde. »

Il avait 16 ans quand, trois ans plus tôt, il avait décidé d'arrêter son CAP restauration et s'était retrouvé sans rien. Du moins avait-il Les Matins bleus, qui le poussaient à trouver une voie, quelle qu'elle soit, et, en attendant, ne l'abandonnaient pas. Mais il avait besoin de temps pour s'aguerrir, se sentir capable de construire quelque chose, de sorte que la possibilité de lui obtenir un contrat jeune majeur est vite devenue un enjeu crucial. Sauf que cela ne s'obtient pas si facilement, puisqu'il faut soumettre un projet à l'Aide sociale à l'enfance, qui décide de son attribution.

Avec l'aide des éducateurs, il écrit une lettre où il parle de musique. À ses yeux, cela reste une fiction, mais de quoi parler, sinon ? Toujours est-il que le contrat est signé. Un peu avant ses 18 ans, il s'installe seul dans un petit appartement, où il reste quelques mois, jusqu'à ce qu'on lui en trouve un autre, plus grand, à côté des arènes d'Arles.

Il continue de flotter. L'avenir reste une question abstraite, un truc un peu fantomatique qui revient parfois lui traverser l'esprit, vite chassé. Le temps est suspendu mais il est joyeux, vibrant, d'une liberté enivrante. Jimmy sort tout le temps, fait aussi beaucoup de fêtes chez lui, joue de la musique, va aux concerts, travaille, l'été, pour des festivals d'Arles, voit du monde, beaucoup de monde, de tous horizons. C'est un premier accélérateur, avant Rio.

« Les histoires des gens qu'on rencontre, ça donne des idées sur la vie. Et puis, l'envie d'aller voir ailleurs. Surtout l'envie d'aller voir ailleurs.

— Vous avez passé votre adolescence à aller voir ailleurs.

— C'est ça, tout le temps, tout le temps. Et même aujourd'hui, je vais voir ailleurs. Partout où je peux fouiner, je fouine. »

Tricia est sortie tout à coup du noir. Jimmy, longtemps, s'est enfoncé dans le blanc, franchissant des étapes sans savoir que c'étaient des étapes, n'y croyant pas, ne pouvant pas y croire. Quand, à son arrivée à Arles à 14 ans, il a découvert le samba, il a tout de suite aimé, saisi par le contraste avec ce qu'il jouait au Réveil tarasconnais, mais, résume-t-il, « c'est parce que ça faisait boum-boum, pas plus. Il n'y avait rien de transcendant non plus ».

Les rencontres, la découverte de possibilités jusque-là inconnues ont beau le stimuler, lui donner envie de remuer, il va falloir du temps pour qu'il fasse du samba un prolongement de sa vie, puis, plus tard, sa vie même. Le « boum-boum » a duré à peu près deux ans, avant qu'il ait son appartement. Deux ans à aller s'amuser avec les autres musiciens, pour sortir du foyer. C'était quelque chose en plus, quelque chose de léger, toujours prêt à se dissiper. La réalité était ailleurs. La réalité, c'est ce dont on ne peut pas s'arracher, voilà ce qu'il avait appris jusque-là. Alors, il tapait sur sa caisse claire, et rien d'autre ne se produisait.

Jusqu'à ce jour où, lors d'un cours de samba, raconte-t-il, « je me suis éclaté comme jamais. Je ne sais pas pourquoi. À partir de ce jour-là, c'est devenu de plus en plus sympa. Et ce qui s'est aussi passé, c'est que j'ai commencé à avoir des petits plans, du genre “viens jouer à ma fête, je te donne cinquante euros”. C'était plaisant. On est trois-quatre, on joue, tac tac tac tac, c'est cool, quoi.

— Est-ce le moment où vous vous êtes dit que vous alliez vous consacrer à la musique ?

— Non, je ne me disais pas ce genre de choses.

— Pourquoi ? Ça vous semblait…

— Compliqué. Disons que j'hésitais beaucoup. Mon signe astrologique, c'est balance. Donc je balançais ! Je ne me sentais pas à la hauteur, comparé aux pros que je fréquentais à la batucada. Je me disais : ce n'est pas possible, jamais tu ne feras ça. »

On ne désire pas longtemps ce qu'on n'imagine pas obtenir. Il faut s'approcher, toucher, il n'y a pas de désir sans chair, sans prendre dans ses mains, se noyer dans le tintamarre, les couleurs, les odeurs, taper jusqu'au sang sur sa caisse de guerre tandis que la foule danse et crie autour du Sambodrome. Là, oui, quelque chose devient possible. Là, on peut se permettre de penser : voilà ce que je veux, voilà ce que sera ma vie. Rio apprend le désir à Jimmy. Le samba, le Brésil, la gentillesse et la ferveur qu'il rencontre dans ces jours de feu attisent tout ce qu'il laissait stagner en lui, faute d'oser espérer. En réalité, il avait déjà fait ses preuves avant de partir, mais il ne pouvait l'admettre. Maintenant, il sait, et il se met à courir.

Certes, il faut commencer par tomber. On ne se transforme pas sans dommages. Chute à l'aéroport, chute de cet élan vital dont il venait de mesurer la puissance, dépression, comme un rituel d'adieu à la fatalité. Il va voir un médecin.

« Je lui ai dit : vous ne voulez pas me donner un petit bonbon rose ? Il m'a donné des cachetons pour trois mois. Mais au bout d'une semaine, je me suis dit : ça ne sert à rien, c'est de la merde, et j'ai arrêté. Après, j'ai fini par reprendre une vie normale. Je me suis fait une raison. J'ai tout repris, les cours, tout ça.

« J'ai donné un stage de samba, en décembre, je crois. Il y avait vingt personnes, c'était dans un hôtel des Saintes-Maries-de-la-Mer qu'on m'avait prêté, un hôtel fermé l'hiver. Des gens ont pris mon numéro. "Ah, tu es d'Arles !" On m'a rappelé deux, trois mois après. "Tu ne viendrais pas diriger un atelier ici ?" Et après, ça s'est enchaîné. »

Il est logé, touche 400 euros par mois. Mais il sort, il reçoit, c'est cher de s'amuser. Il a besoin de gagner plus. Il fait de l'intérim, de la vente, des inventaires de nuit dans les supermarchés, il est serveur dans des bars, cela reste nécessaire malgré les stages, les ateliers qui s'accumulent – trop peu encore, mais ce n'est pas l'essentiel : l'essentiel, c'est que cela ne s'arrête pas. Depuis Rio il sait que ce qui ne vient pas tout de suite vient quand même, avec du désir et de la chance. Il ne manque désormais ni de l'un ni de l'autre. Il trouve un autre travail, qui lui permet de faire encore plus de musique : des ateliers avec des enfants, dans le cadre des TAP, les « temps d'activités périscolaires ».

C'est ainsi qu'il avance vers le moment décisif : la fin du contrat jeune majeur, deux ans après son retour du Brésil. Sauf que les ruptures, dans sa vie, prennent du temps. À 21 ans, le contrat s'achève, il trouve un nouvel appartement et tout continue, les petits boulots, les ateliers, les stages, les TAP, les fêtes. Pendant un an, il remplace un des deux professionnels de la batucada, qui a pris une année sabbatique. Il dirige tous les cours avec l'autre. Mais c'est toujours la même chose : il ne cesse de progresser, sans pouvoir en vivre, à 20 euros le cours.

Il engrange, il acquiert de la maîtrise, de l'assurance, du réseau. Mais l'avenir, c'est une autre question, cela reste flou. Il court, mais il ne veut pas trop réfléchir à la destination. Chez lui, les amis défilent, certains commencent à s'incruster. « C'était le squat. J'en ai eu marre. Il y avait trop d'abus, trop d'alcool, trop de fêtes, les gens étaient trop intrusifs. Je pense que c'est pareil pour tout le monde. Les premiers temps, c'est génial, après, ça fatigue. J'ai mis le holà. J'ai dit : allez tous vous faire foutre, je ferme la porte à clé, terminé. On fait la fête, on sort, il n'y a pas de souci. Mais la maison, c'est fini, on oublie. »

Il n'empêche qu'une petite ville, quand vous sortez tous les soirs et qu'à force vous connaissez tout le monde, on s'y englue. Il peut bien vider le squat, dehors, c'est la même chose. « Tous les jours, dans la rue, je tombais sur des gens. C'était tout le temps des "ah ça va ? tu passes à la maison ?". Il n'y avait plus de vie intime, plus rien. Trop de vie sociale. C'était invivable. J'ai eu envie de couper. Je ne voulais plus rester à Arles, je n'en pouvais plus, je faisais n'importe quoi. Je voulais me recentrer sur moi. »

C'est la dernière étape. Celle où le désir et l'avenir fusionnent, où c'est l'avenir en tant que tel qui devient désirable, une possibilité concrète, quelque chose qui peut être rempli par tout ce qu'il fait déjà, tout ce qu'il a appris, par ce Jimmy nouveau qu'il a construit brique à brique sans être bien sûr qu'il construisait réellement, c'est-à-dire que tout n'allait pas s'écrouler tout de suite, comme il avait appris, depuis toujours, que la vie s'écroule. On est en 2019. Il a 23 ans.

Il trouve une annonce pour un appartement au Thor, le village de René Char, à 50 kilomètres d'Arles (juste à côté de L'Isle-sur-la-Sorgue, décidément). Il y va au culot, alors qu'il n'a que des revenus fluctuants et aucune garantie, mais il est pris, c'est bon, il peut s'arracher à la glue arlésienne, et le voici citoyen du Thor, où les fêtes sont moins nombreuses. Il continue bien sûr les stages, les ateliers, il joue avec la batucada, mais après il rentre et il est vraiment chez lui, c'est bien fini cette fois, la vie collective. Il n'a connu qu'elle, les foyers, les copains, même tempo, même manière d'être emporté dans la foule sans avoir tellement le loisir de réfléchir et de s'organiser.

Il lui a fallu un peu de temps pour comprendre que la vie pouvait avoir d'autres formes, qu'avoir été déprogrammé de la fatalité familiale ne l'obligeait pas à se laisser reprogrammer comme enfant des foyers, à jamais coincé dans un groupe, quel qu'il soit. Mais cette fois c'est fait, il s'est allégé de tout, il peut prendre son élan. De toute façon, il doit trouver de l'argent, d'autant que les TAP, ces ateliers de musique qu'il donnait dans des écoles, son seul revenu stable, se sont arrêtés.

« Je décide de monter un projet de tournée, pour donner des stages dans le plus d'endroits possibles, tout seul. Je deviens Jimmy do Brasil, et j'essaie de vendre ça. Je passe des heures et des heures au téléphone pour trouver un partenaire qui m'offre du matos. Je finis par en trouver un, une boîte française qui fabrique des instruments de percussion brésiliens. Elle m'a envoyé pour deux mille euros de matériel. En échange, je devais faire sa pub.

— Mais après ? Comment on monte une tournée, concrètement ?

— Ben, normalement, il y a un manager, un booker…

— Là, c'était vous ?

— Voilà. J'étais mon manager et mon booker. J'appelais des salles, j'appelais des groupes, surtout des groupes. Je leur disais : je sais faire ça et ça, je leur envoyais des enregistrements, juste quelques minutes, des aperçus, parce que sinon on te pique tous tes trucs.

— Et ça a accroché ?

— Oui. Très bien même. J'ai fait vingt-deux dates en trois mois, en France, en Suisse, en Italie, en Espagne, en Grèce… »

À chaque fois, il donne un stage, de quelques heures, un jour, deux jours, et souvent enchaîne sur un concert avec les groupes qui l'ont invité. Il apprend à jouer sur scène avec des inconnus, sans répétitions, « on joue avec les yeux, on s'envoie des petits signes, on fait des petits bruits pour dire qu'on arrête là, ou qu'on enchaîne », il apprend à se débrouiller partout, sans parler la langue du pays, comme quand il a débarqué au Brésil à 19 ans en ne sachant dire que « *aqui* » et qu'il est reparti en s'étant fait des amis par dizaines. On se parle à coups de caisse claire. On s'arrange. Il n'a pas peur, c'est fini cette histoire. On vient le chercher à l'aéroport, « il y avait mon nom sur un écriteau, et après taxi, Mercedes, 4L, j'ai tout eu, on m'emmenait partout, on m'accueillait, c'était magique ».

Il ne se croit pas arrivé pour autant. Pas son genre. Je lui fais remarquer qu'il avait dû déjà atteindre un niveau impressionnant pour qu'on le fasse venir jusqu'en Grèce. Sa réponse fuse :

« Ben non.

— Ben si. Sinon, ils ne vous auraient pas invité, ils n'auraient pas payé tout ça.

— Oui, non, enfin, ça leur plaisait, c'est tout. Il y en a d'autres, hein, des gars comme moi, il y en a plein d'autres.

— Il y en a plein qui n'y arrivent pas, en même temps.

— C'est vrai. Il y en a plein qui n'y arrivent pas… »

Il ne continue pas. Je laisse tomber. Quelle importance, qu'il en retire de la gloriole ou pas ? En me racontant ses aventures européennes, il me parle d'autre chose. Il ne veut pas savoir qui il est, ce qu'il vaut, où il est parvenu, se recentrer sur soi n'avait pas ce sens, on ne s'arrête pas devant un miroir quand on fuit, quand on a Plan-d'Orgon et les mains de son père derrière soi. On ne pense qu'à courir plus vite, et c'est ce qu'il fait, les chaînes sont au sol, alors il prend son élan. Il est libre de désirer et d'atteindre l'objet de son désir. Il s'y précipite. Après, c'est comme un sambodrome : on se laisse emporter, et la vie se multiplie.

À vue de nez, Audrey est partie moins loin que Jimmy. Elle vit depuis toujours dans un carré compris entre Avignon et le mont Ventoux. J'ai pourtant le même sentiment en l'écoutant qu'en écoutant Jimmy, et c'est vrai pour tous les autres, pour Tricia qui fait des crêpes avec Malia dans les bras, pour Souleymane avec ses papiers en poche, pour Schouka naviguant entre les cours de danse et son atelier de couture. Ils sont tous montés dans la Mercedes qui attendait Jimmy à l'aéroport. C'est le miracle qu'ils ont accompli ou dont ils ont bénéficié, ou les deux, peu importe : atterrir dans une vie qui n'était pas prévue pour eux, et mettre les gaz, parce que tout à coup l'impossible tombait comme une peau morte.

On regarde souvent la société de trop loin. Quelle est la différence statistique entre Audrey et sa mère ? Le salaire d'une jeune AMP (aide médico-psychologique, pour mémoire) n'est pas très différent de celui d'une femme de ménage avec de l'ancienneté – vers le bas de l'échelle, juste au-dessus de la pauvreté. Elles vivent l'une et l'autre dans de petits appartements, ont les mêmes difficultés financières à la fin du mois, font les courses dans des supermarchés similaires, ont le même genre de voisins. Pourtant, il n'y a rien de commun entre vouloir et accepter, entre interrompre la transmission de la fatalité et ne pas avoir eu le choix de ne pas la reconduire, entre ne pas savoir de quoi l'avenir sera fait et le savoir trop bien.

Chacune se tient sur les bords opposés de leur gouffre initial. Audrey imagine sa vie, se remet en cause, interroge les signes, les hasards, les promesses. Voilà ce qu'elle a reçu de Nicolas et de tous ses chers éducateurs ou du petit Max, comme Tricia, Schouka, Souleymane et Jimmy l'ont reçu d'autres gens, d'autres combinaisons de rencontres, de chances, d'occasions attrapées au vol. C'est le vieux problème de la carte et du territoire. La zone minuscule entre deux points ne dit rien du foisonnement qui surgit quand on arrive sur place, des bosses et des creux, des obstacles et des détours, de tout ce qui peuple le passage millimétrique du village de X au village de Z. Toute une vie – cette vie-là, cette vie précisément incarnée – se met à grouiller quand on s'approche. Et l'on voit les gens faire des bonds formidables, s'envoler du millimètre où ils semblaient assignés.

En février 2014, à 19 ans, Audrey, après avoir réussi le concours, entre à l'école d'AMP, à Montfavet, près d'Avignon. Pendant l'année que dure la formation, elle fait deux stages, l'un dans un EHPAD, l'autre dans une MAS[1]. L'EHPAD, elle n'avait pas le choix. La MAS, c'était son objectif depuis qu'elle avait décidé de sa vocation : travailler auprès de handicapés. Le stage dure un peu plus de trois mois, à temps complet. Elle vit toujours à Châteaurenard, et doit faire tous les jours, à scooter, les trente kilomètres qui la séparent de son lieu de stage, mais elle s'en fiche.

« Trois mois dans une MAS, ça permet vraiment de découvrir le métier, commente-t-elle. Eh bien, je n'ai pas été déçue. Le premier jour, je me suis demandé où j'avais atterri. C'étaient des adultes, avec des handicaps très lourds, des autistes sévères, des trisomiques, des infirmes moteur cérébral, souvent polyhandicapés. Je me suis trouvée à table avec un résident, Mehdi*, qui a tenté de se poignarder. En même temps, je venais d'arriver et la nouveauté, ça peut vraiment les perturber. Mais pour moi aussi c'était dur ! J'étais complètement paniquée, je ne savais pas quoi faire. C'était mon premier jour, hein ! », ajoute-t-elle en riant.

« Mais ça allait. L'équipe était très bien. Ça aide, quand on est entouré des bonnes personnes. Je me suis tout de suite sentie à l'aise pour parler de mes difficultés. Je n'ai pas eu de vrai souci, en fait. Je me sentais tout à fait à ma place. Je sentais que les résidents avaient besoin de moi comme j'avais besoin d'eux.

— Vous aviez besoin d'eux ?

1. Maison d'accueil spécialisée, hébergeant des personnes gravement dépendantes, qui ont besoin d'assistance pour chaque acte de la vie quotidienne.

— Ils m'apportaient quelque chose de positif dans ma vie. On est là pour eux, pour les accompagner, dans les bons moments comme dans les mauvais. Les personnes qui ont un handicap lourd communiquent verbalement ou non verbalement, mais elles communiquent quand même, à leur façon, et c'est juste... » Elle s'interrompt, reprend : « Là, quand je suis arrivée à la MAS, je suis vraiment passée de l'autre côté. »

La question, dès lors, est simple : comment rester de ce côté-là ? Première condition : réussir son diplôme. C'est le cas, en avril 2015. Deuxième condition, qui se révèle plus délicate : trouver du travail, et en trouver rapidement. En mai, Audrey aura 21 ans, et elle sera potentiellement à la rue, son contrat jeune majeur arrivant à son terme. Elle se renseigne auprès de la Mission locale, qui lui apprend qu'elle sera alors éligible au contrat d'avenir[1]. Elle appelle une éducatrice de la MAS où elle a fait son stage. Est-ce qu'ils ne seraient pas intéressés ? Ils le sont.

Le contrat est signé avant même qu'elle ne reçoive son diplôme d'AMP. Une amie l'aide à trouver un appartement dans le village de Bédarrides, à dix kilomètres de la MAS. Son oncle – celui qui s'était beaucoup occupé d'elle pendant son enfance, dans le Luberon – lui offre une voiture. Le jour de son anniversaire, elle a un appartement, un travail et de quoi

1. Contrat de travail, aidé par l'État et les collectivités locales, pour un emploi à temps partiel (26 heures par semaine) dans le secteur non marchand, sur une durée de deux à trois ans.

aller de l'un à l'autre sans arriver essorée à la MAS les jours de pluie. Le but du contrat jeune majeur est d'aider les enfants placés à acquérir de l'autonomie. Il est rarement atteint avec une telle exactitude, de manière aussi complète.

Être autonome, dans cet esprit, c'est autant être capable de gagner sa vie que de savoir ce qu'on veut. Audrey vient de prouver qu'elle possède ces deux qualités à un degré élevé. Mieux encore, elle va continuer, durant la période qui s'ouvre, à faire ses preuves à la MAS tout en démontrant une détermination inflexible. Après deux ans, son contrat d'avenir est renouvelé pour une année supplémentaire, au bout de laquelle on lui propose un CDI. Elle refuse. Il y a beaucoup de remplacements à faire dans la maison. Elle signe des contrats courts, puis plus longs, pour remplacer une collègue en congé maternité, notamment. On lui propose de nouveau un CDI, plusieurs fois. Elle refuse encore.

« Le CDI, c'est quelque chose qui me fait peur. J'étais bien comme ça. Aux Matins bleus, j'ai toujours eu une vie stable, alors peut-être que, professionnellement, je voulais autre chose. De toute façon, il y avait tout le temps du travail à la MAS, je n'arrêtais pas d'avoir des contrats. Ça m'allait très bien comme ça. D'ailleurs, en fait, j'ai signé un CDI l'an dernier, dans un autre établissement, et ça a été une de mes pires expériences.

« Je voulais quand même voir autre chose. Donc je suis allée travailler dans ce foyer de vie, à Cavaillon, une autre association, rien à voir avec la MAS. C'était horrible. Déjà, ce sont d'autres cas, moins lourds, plus autonomes, et je me suis aperçue que j'aimais moins. Et puis les horaires, tout ça, et le CDI, l'impression d'être coincée... C'est simple : je suis arrivée en juin, et le 9 novembre, j'étais de retour à la MAS. Je les avais appelés, j'avais pleurniché : reprenez-moi... Ils m'ont reprise. J'y suis toujours. »

De Beaucaire à L'Isle-sur-la-Sorgue, Tricia non plus ne semble pas avoir accompli un immense périple, mais il en va d'elle comme d'Audrey : il faut déchirer la carte et la regarder s'élancer, avec cette douceur obstinée, fragile, un peu effrayée par moments, comme si, désormais, elle avait peur d'avoir peur, d'être reprise par ses anciens cauchemars. Et cette lumière qui éclaire soudain son visage quand elle raconte les étapes de sa vie, cet émerveillement de constater que non, finalement, elle n'a pas été terrassée, et qu'elle tient serré contre elle ce qu'elle a tant désiré, avec une volonté si ferme.

À 17 ans, elle entre dans un CAP Métier du cheval, pour devenir palefrenière. C'est une formation en alternance. Elle commence à travailler à Tarascon, dans une écurie qui organise aussi des cabarets équestres. « Et, moi qui avais peur de la foule, raconte-t-elle, moi qui n'aimais pas me montrer, je me suis retrouvée sur scène. Et en fait, ça m'a plu. La patronne, avec qui je suis restée en très bons termes, rigole quand elle me voit. Elle me dit : “Ah, tu ne voulais pas aller sur scène mais maintenant je suis sûre que tu pourrais revenir faire des spectacles." Je lui réponds : ah oui, carrément ! J'ai bien aimé ces deux années. »

Elle était encore au collège quand, sur Facebook, elle a rencontré Kevin, dont elle est rapidement tombée amoureuse. Pendant qu'elle fait son alternance à Tarascon, elle vit toujours chez Claire et Aurelio, à Beaucaire, de l'autre côté du Rhône, et elle voit Kevin seulement les week-ends, ou pendant la vacances. Au bout d'un moment, elle en a marre. Alors, contrairement à Audrey ou Jimmy, la question pour elle, à ses 18 ans – qu'elle atteint en 2015 –, n'est pas d'obtenir le contrat jeune majeur : elle n'a plus besoin des éducateurs ou de sa famille d'accueil, elle veut vivre avec son « amoureux ». « Tout le monde aux Matins bleus a compris ma décision. Ils savaient que j'avais déjà fait beaucoup, et que je voulais rejoindre Kevin. C'est normal, hein. Au bout d'un moment, on avait envie de se retrouver. »

Elle vient d'obtenir son CAP. Elle n'a plus aucune attache, sauf celle qu'elle a décidé de se créer. Elle s'installe avec Kevin, chez ses parents d'abord, puis dans la maison de L'Isle-sur-la-Sorgue où elle me reçoit. « Je n'ai pas cherché un travail tout de suite. Je voulais vivre, me poser un peu, être avec mon chéri, profiter. J'avais le chômage, grâce à l'alternance. Kevin travaillait déjà dans une pâtisserie. Ça allait. Mais après, je me suis dit : ouh là là, il faut que je cherche. Un salaire, ça n'aurait pas suffi. C'est comme ça que j'ai trouvé mon travail actuel, de palefrenière, à Graveson. Et, un an et demi plus tard, je suis tombée enceinte. »

Rien n'est comparable à la secousse tellurique que Tricia dit avoir connue lors de la naissance de Malia, pas même le surgissement de cette main invisible posée sur la sienne, le jour où elle a compris qu'elle pouvait continuer de vivre avec sa mère, au-delà de la mort. Malia est un autre miracle, un miracle chargé de réel, d'une plénitude que seul permet le corps, la présence concrète de ce petit corps que la sage-femme a posé sur sa poitrine et qui, depuis ce jour, l'habite et la soulève.

« C'est un truc de dingue, la sensation que ça m'a fait. Vous savez, depuis que je m'étais ressaisie et que Claire et Aurelio avaient commencé à s'occuper de moi, j'allais mieux, beaucoup mieux. Mais il y avait toujours cette boule en moi. Et là, quand on a posé Malia sur moi, j'ai tout de suite dit à Kevin : je n'ai plus la souffrance que j'avais à l'intérieur, je ne l'ai plus, elle est partie. Dès que ma petite a été là, et que je l'ai vue, et que j'ai dit : c'est ma fille, c'est parti. Elle m'a sauvée. Et ça fait deux ans que ça dure.

— Vous ressentez toujours la même chose, deux ans après ?

— Ah oui. Après, bon, je suis heureuse avec Kevin depuis neuf ans. Mais il le sait, je le lui ai dit : tout a encore plus changé quand j'ai senti ce lien, ce truc maternel. C'était magnifique. Je ne souffre plus, là, actuellement, je ne souffre plus, je suis heureuse. C'est bizarre, hein, avec le passé que j'ai eu. Mais je suis très, très heureuse.

— Et, ça, c'est elle, ajouté-je en montrant Malia qui court derrière un chat.

— Oui, c'est elle. C'est elle et lui. »

Qu'est-ce qui sauve ? Ou plutôt, combien de fois a-t-on besoin d'être sauvé ? Tricia, dans ses récits, multiplie les carrefours, comme si elle imaginait à mesure ce qui se serait passé si elle était partie à gauche plutôt qu'à droite, et combien d'autres Tricia auraient pu apparaître, qui n'auraient pas connu ce bonheur. Philippe Ribellès l'a sauvée en lui intimant de changer. Claire et Aurelio l'ont sauvée en l'accueillant chez eux. La présence flottante de sa mère, d'une manière ou d'une autre, elle aussi, l'a sauvée. Et Kevin, Malia, les chevaux, les chats, les chiens, le mouvement autour d'elle.

Il n'y a pas beaucoup d'occasions, dans nos vies, où nous pouvons nous dire : j'ai été sauvé. Le mot lui-même a une allure vague, fourre-tout, exagérément lyrique, avec cette vieille histoire d'enfer et de paradis en embuscade. On en emploie d'autres. On pense qu'on a eu de la chance, qu'on a fait les bonnes rencontres, qu'on a tenu le coup, qu'on a échappé à une catastrophe… Puis on oublie. Mais que se passe-t-il quand la catastrophe a eu lieu ? Le salut revient. Il s'impose. Quel autre mot employer pour dire qu'on a survécu, et que cela n'allait pas de soi ? L'idée de salut n'est alors qu'un souvenir tangible de la destruction. Il faut bien que quelqu'un ou quelque chose vous ait remis debout, quand vous étiez à terre.

C'est une préoccupation que tous mes interlocuteurs ont en commun, cette question de ce qui sauve ou pas. Ils ont une conscience plus affûtée que la plupart d'entre nous de l'instant où ils ont basculé d'un côté plutôt que de l'autre et de ce qui se serait passé, si cela avait été de l'autre. Ils ont vu le monde de trop près pour être dupes de sa solidité.

Ils se savent précaires, et ils se savent sauvés, et ils savent qu'ils devront l'être encore. Ils y réfléchissent beaucoup. Ils en parlent beaucoup. Parler de leur vie, pour eux, c'est parler de cela, de cette stupéfaction d'avoir laissé la catastrophe aussi loin derrière eux et de ne pas l'avoir fait seuls.

Il y a eu un moment, lors de ma rencontre avec Souleymane, où lui, si prolixe, a un peu buté sur les mots, s'interrompant, reprenant, me disant « attendez... », « je ne sais pas l'expliquer », « vous voyez ce que je veux dire ? », parce qu'il cherchait à comprendre ces quelques années où tout a changé pour lui, de la gare où il errait à son arrivée en France au jour où il a eu ses papiers, et à aujourd'hui, au diplôme qu'il va passer, à tout ce qu'il a envie de faire ensuite. Et que ce n'était pas si simple.

Premier angle d'attaque : « J'ai fréquenté beaucoup, beaucoup de gens dans les foyers. J'ai l'habitude de vivre avec des gens de toute sorte. Ils ont différentes mentalités, différentes façons de faire les choses et il y a tout ça qui, ben... qui se mélange ensemble, et ça m'a permis d'apprendre beaucoup de choses. » Sur quoi ? Pas facile à dire non plus. Il réfléchit. « C'est juste qu'il y en a pour qui ça ne se passe pas bien... Certains sont rentrés dans leur famille. On pensait que ça allait mieux, leurs parents ont dit qu'ils pouvaient revenir, et eux c'est ce qu'ils voulaient. Mais ça ne va toujours pas. Ils ont eu une chance, quand ils étaient au foyer. Maintenant, c'est trop tard.

— Cette chance, vous l'avez saisie. C'est quoi la différence entre vous ?

— Je ne sais pas… Je n'aime pas quand on dit que c'est leur faute. La part de responsabilité qu'ils ont, c'est trop faible. Ils sont petits, ils ne savent pas ce qu'ils font.

— Mais vous ?

— Moi, je me faisais des films. Au début, c'étaient des films idiots, quand je croyais qu'on voulait me faire du mal. Après, c'étaient des films mieux. Je me disais, les éducateurs, ils savent ce qui est bien pour moi et ce qui n'est pas bien. Mais je ne dirais pas que, eux, ceux pour qui ça a moins bien marché, c'est leur faute s'ils ne se sont pas dit ça. Je dirais plutôt que c'est celle du… de là où tout a commencé. En fait, oui, c'est ça, tout dépend du début de l'éducation. Moi, quand je suis arrivé, je n'avais pas l'éducation d'ici, j'avais une éducation différente, mais elle m'a permis de m'adapter à la culture d'ici. »

Souleymane, je l'ai dit, n'avait accepté de me parler qu'à condition que nous n'abordions pas ce qui a précédé son arrivée en France : les camps en Libye, la traversée de la Méditerranée, et rien non plus sur son enfance en Côte d'Ivoire et la mort de ses parents. Qui étaient-ils ? Où étaient-ils ? Comment vivaient-ils ? Je ne pose pas de question. Mais ils apparaissent d'eux-mêmes. Il n'a pas le choix, lorsqu'il s'agit de comprendre ce qu'il est. Je ne connaîtrai même pas leurs noms. Pourtant quelque chose d'eux persiste, quelque chose d'essentiel, dont, mine de rien, il est en train de revendiquer l'héritage.

Aussi insiste-t-il : « Ma première éducation, c'était avec des gens qui étaient sérieux. Parce que l'éducation, avant de la donner à une personne, il faut l'avoir. Si un enfant est chez ses parents et que ses parents ne sont pas bien éduqués, ils ne vont pas transmettre un truc qu'ils n'ont pas.

— C'est sûrement ce qui s'est passé pour les gamins dont vous parliez…

— Exactement. Moi, malgré tout ce qui m'est arrivé, j'ai eu cette chance. L'éducation que j'ai reçue là-bas, ça m'a profité, ça m'a donné une force.

— Donc vous me dites que si vous avez totalement changé depuis votre arrivée, c'est grâce à quelque chose que vous aviez déjà, quelque chose que vos parents vous ont donné ?

— Oui, mais en même temps… C'est compliqué de répondre. Le début, ça compte beaucoup, ça, c'est vrai. Mais le plus important, peut-être, c'est l'atterrissage, je dirais. Parce qu'il y a ceux qui n'ont rien au début et qui s'effondrent, mais il y a aussi ceux qui ont l'éducation au début, et qui s'effondrent aussi, parce qu'ils lâchent en chemin. En fait, c'est difficile de savoir. J'ai reçu une éducation quand j'étais petit, mais je ne dirais pas que c'est à cause de ça que je suis comme ça. Pas seulement. C'est le mélange de l'éducation du début et du foyer, de ce qu'ils ont mis en place au foyer, la base, tout ce qui est logique, quoi… »

Il s'arrête. Il me dit qu'il me parle de quelque chose de si simple, si normal, que c'est très difficile à expliquer. De fait, je patauge un peu. Il s'interroge, indulgent : « Je ne sais pas si vous comprenez ce que je veux dire. » Bien vu. Donc, il reprend. « Je cherche un exemple… » Il n'en trouve pas mais il insiste, et je finis par comprendre.

Il avait raison : c'est très simple, c'est comme le jour des crêpes, chez Tricia, quand je suis retourné la voir pour la regarder vivre, c'est normal et logique comme la vie aurait toujours dû l'être pour eux. C'est Schouka qui danse, Audrey qui appelle Nicolas pour lui raconter son travail, ses amours, Jimmy dans l'aéroport d'une ville inconnue, et la Mercedes qui débarque. Les rouages de la vie s'enclenchent, et le mouvement ne s'interrompt plus, parce que la vie est faite pour ça : avancer, remuer, se transformer, aller ailleurs, se plonger dans la richesse toujours changeante de ce qui vous entoure. Ce qui est simple, c'est de vivre, ce qui est logique, c'est de vivre. Eux devaient l'apprendre. Ils l'ont appris, comme ils ont appris à tenir debout, et c'est cela que raconte Souleymane, cette merveille-là.

Je le regarde parler, vif et déterminé même quand il hésite, beau garçon rieur qui attire les regards dans le café où nous sommes installés, plaisante avec la serveuse, traversera la petite place tout à l'heure, à grandes enjambées, téléphone en main. Il doit rejoindre sa compagne, on est samedi, ils ont rendez-vous avec des amis. Il fait beau. Ils seront en terrasse. La vie aurait toujours dû être cette vie. Et c'est de ça qu'il me parle, de ce qui parfois vient tout seul, et parfois non, de ce que lui, jusqu'à un certain moment, a dû créer de toutes pièces, ou presque – l'aisance, la possibilité de se mettre en mouvement au milieu des autres.

« On m'a appris à être, je dirais, en relation, reprend-il patiemment, à être avec des gens, partager, me débrouiller, savoir ce qui est bien et tout ça, et quand tu comprends, tout devient automatique. » Il insiste : « À la fin, tout est simple, tout est logique. Parce que les éducateurs, ils ne pourront pas toujours être là pour toi. Ce qu'ils te donnent, c'est le chemin qui te permet… » La phrase reste en suspens. De s'éloigner d'eux, peut-être. On n'aide pas quelqu'un à être sauvé, si l'on n'accepte pas qu'il se perde dans la foule. Telle est l'aventure de Souleymane, l'aventure de Tricia, Audrey, Schouka, Jimmy, de ceux qui se faufilent entre les pattes de la fatalité et laissent tout et tous derrière eux, même les gens qui leur ont appris à être libres. Mais c'est cela, être libre : un arrachement, sans retour en arrière.

« La vie idéale ? demande Jimmy. Avoir un milliard d'euros et faire le tour du monde. » Depuis ses trois mois au Brésil et sa tournée européenne, il ne pense qu'à voyager, « c'est ça que j'aime faire », ça et la musique, l'un entraînant l'autre. « Si je m'imagine dans dix ans, je me vois voyager, apprendre des autres, des cultures, et grâce à ça, construire autre chose. » Mais il faut de l'argent, qu'il gagne par à-coups. Il joue beaucoup, donne beaucoup de cours, sillonne la région en tous sens, s'y épuise avec entrain. Il n'était pas loin, en 2020, de pouvoir acquérir le statut d'intermittent du spectacle. Et le Covid est arrivé. Retour aux vieilles angoisses de la période « blanche », où il n'avait aucune idée de son avenir. Elles étaient vagues à l'époque : il pouvait se contenter de ne pas y penser. Elles le sont moins maintenant qu'il tient à quelque chose.

« Il n'y avait plus de concerts, plus rien. Il me fallait un boulot alimentaire. J'ai été facteur pendant des mois, au service colis. Je faisais soixante heures par semaine, j'avais un beau salaire. Il y avait plusieurs tournées, il fallait assurer. J'en ai eu marre. J'ai dit à la boîte d'intérim qui m'avait trouvé ça d'aller se faire voir. J'en ai parlé à une amie qui venait d'avoir son diplôme de monitrice éducatrice. Elle bossait dans un ESAT[1]. Elle m'avait fait venir pour une démonstration de percussions. Elle m'a dit qu'il y avait un poste qui s'ouvrait, pour encadrer des groupes de résidents pendant leur travail – des schizophrènes, des trisomiques, des autistes… Ils font du jardinage chez les gens, dans des entreprises. J'ai postulé. J'ai été pris, à plein temps. »

Quand nous nous sommes vus, en mars 2022, il faisait ce travail depuis six mois, tout en continuant cours

1. Établissement de service d'aide par le travail – l'ancien CAT, Centre d'aide par le travail –, « structure qui permet aux personnes en situation de handicap d'exercer une activité professionnelle tout en bénéficiant d'un soutien médico-social et éducatif dans un milieu protégé », selon le site service-public.fr.

et concerts, puisque tout a rouvert. Il y avait pris goût, au point de se demander s'il ne devrait pas essayer de passer son diplôme, pour devenir éducateur à part entière, comme son amie. « En gardant la musique, bien sûr. Mais la musique, on ne sait jamais où ça va. Du jour au lendemain, on t'appelle pour jouer, mais si on ne t'appelle pas ? Là, par exemple, j'ai plein de dates, mais dans deux mois, pour l'instant, je n'ai rien. »

Son travail d'aide-éducateur est mal payé. Progresser dans le métier pourrait lui permettre d'améliorer son train de vie et, à défaut de milliards, de repartir à travers le monde. Est-ce que ce ne serait pas, pour autant, un renoncement ? Est-ce qu'on peut imaginer Jimmy, ce Jimmy nouveau qui a émergé de la fanfare de Tarascon et de l'école de samba de Rio, sans sa caisse de guerre ? Lui, oui. C'est donc moi qui me trompe. Il n'y a pas de Jimmy sans musique, mais il est, d'abord, acharné à s'en sortir, à vivre comme il l'entend, à partir, d'abord à partir, tout le temps, partout, et la musique, quoi qu'il devienne, ne le quittera pas.

« De toute façon, les métiers, ça veut dire quoi ? Ça ne veut rien dire. Un métier, on peut le faire où on veut. Peut-être, je dis une connerie, je m'installerai aux îles Caïmans et je créerai un foyer pour handicapés là-bas. Je ne sais pas, tout est possible. Peut-être que l'an prochain je serai prof d'anglais. Ou que je serai dans une école d'éducateur. Vraiment, je n'en ai aucune idée. Tout peut changer. Je suis ouvert. Je me dis : pourquoi pas ? Tout est possible, tout est réalisable. Il faut juste se donner les moyens, et puis ne pas avoir peur de ce qui peut se passer. »

Il me raconte une anecdote. De passage à Lyon, après un concert dans l'Allier, il boit un verre sur les quais avec les deux élèves qui l'accompagnent, quand un type vient vers eux en titubant et les apostrophe : « Il y a un problème ? » Les trois garçons sentent venir l'embrouille. D'autant que l'autre s'approche encore, et répète : « Il y a un problème ? » Puis, il éclate de rire et lance : « Il y a toujours une solution ! »

Jimmy a été touché par cet ivrogne, « juste un ivrogne de plus », et il a retenu cette leçon dérisoire, un peu absurde, mais légère, comme il les aime, lui qui se méfie des mots qui vous coincent, qui vous définissent avant que vous ayez eu le temps de changer une nouvelle fois. « J'ai rigolé. Je lui ai dit : eh oui, il y a toujours une solution, on est d'accord. » Éducateur, musicien ou les deux, ou autre chose : il n'y a pas d'autre Jimmy que celui-là, celui qui se tient prêt et aura toujours une solution pour ce qu'il peut imaginer, et le reste. « Peu importe la situation, on trouve des portes de sortie. Il faut juste être capable de les voir, ou de se les créer. » C'est sans doute ce que voulait dire l'oracle lyonnais. Il y a de la sagesse qui traîne, le soir, sur les bords des fleuves.

Après m'avoir raconté son audition à l'école de danse de L'Isle-sur-la-Sorgue, pour le concours Hip Hop International, Schouka avait ajouté : « Ce moment-là, l'instant où on annonce que je suis prise, c'est le plus important de ma vie. » Puis elle s'était tue quelques secondes et avait repris, d'un ton rêveur : « Ça me manque, ce genre de choses. Ces événements. Pas l'audition particulièrement. Le fait d'attraper un truc au passage, quand ça se présente. L'audition, comme quand je rencontre par hasard Damien qui avait un boulot pour moi, c'était du tac au tac. Si j'ai envie de faire ça, je le fais. Aujourd'hui, je pense peut-être trop à la sécurité. Je me dis : ah, je ne sais pas... J'ai tort. Il ne faut pas trop réfléchir. Il faut vivre la vie telle qu'elle est. »

Ça reviendra, ma chère Schouka, ça ne cessera pas de revenir, vous verrez. On se relève, et la vie rebondit. C'est ce que j'étais venu apprendre auprès de vous, qui le savez mieux que moi.

ÉPILOGUE

Ensuite, j'ai écrit ce livre. J'étais accaparé par mon travail, je partais m'isoler pour écrire, avançant par à-coups, laissant reposer le texte, repartant quelques semaines plus tard. J'ai eu besoin d'un an pour en venir à bout. De temps en temps, je prenais des nouvelles. C'était souvent succinct. Ils m'avaient beaucoup parlé, avec force, avec précision, maintenant ils avaient autre chose à faire et, moi, j'avais déjà de quoi remplir cinq volumes, alors je n'insistais pas.

Et puis, j'ai commencé à m'approcher de la conclusion, et j'ai éprouvé le besoin de les revoir. C'était en octobre 2023. Je suis allé à Saint-Rémy-de-Provence, à L'Isle-sur-la-Sorgue. Certains n'étaient pas libres – Jimmy, toujours sur la route, Audrey, débordée. Nous nous sommes parlé au téléphone. D'autres m'ont donné tout de suite rendez-vous, Claude Robin et Philippe Ribellès, Schouka, longtemps silencieuse mais qui cette fois m'avait vite répondu, Souleymane, qui m'avait justement écrit peu de temps auparavant pour me dire qu'il aimerait me voir. Il s'était passé beaucoup de choses depuis notre dernière rencontre.

Restait Tricia. Je lui ai envoyé un mot. Elle m'a répondu le lendemain : « Je ne sais pas dans quel état je serai… Donc compliqué de vous dire. » Elle ajoutait : « Ma vie est partie en catastrophe. » Plus tard, elle m'a envoyé un autre mot, où elle me disait qu'elle aimerait quand même me voir, qu'entendre parler du livre lui ferait du bien. Elle allait essayer de se débrouiller. Je suis déjà à L'Isle-sur-la-Sorgue, où je m'apprête à rejoindre Schouka, quand elle m'appelle pour me dire qu'elle a trouvé une solution.

Rendez-vous est pris pour le soir, après son travail. Je lui indique une terrasse de café près de chez elle, où je l'attends tandis que la nuit tombe. Un collègue du fast-food de Cavaillon – elle s'apprêtait à y faire un essai la dernière fois que je l'ai vue, il y a un an, elle y est donc restée, et a sans doute dû arrêter de travailler avec les chevaux – doit la déposer devant le lycée, à côté. Je guette son apparition sur l'avenue. Elle tarde. Elle m'a paru si fragile dans ses sms, mais plus encore en entendant au téléphone sa voix, dont je connais bien la vivacité, maintenant éteinte, sourde : je commence à penser qu'au dernier moment elle n'a pas eu la force de venir, et que j'en serai quitte pour boire un Perrier en regardant les gens rentrer chez eux.

Lorsqu'une voiture s'arrête et qu'une jeune femme en sort, je sais pourtant que c'est elle, même si la silhouette qui se détache dans la lumière des phares me paraît plus menue que dans mon souvenir. Je reconnais à la lenteur de son pas, à quelque chose d'accablé dans sa manière d'avancer vers moi, non pas la Tricia d'il y a un an, mais celle avec laquelle j'ai parlé quelques heures plus tôt, la Tricia brisée par je ne sais quoi, dont je distingue peu à peu le visage envahi de tristesse, malgré le petit sourire qu'elle a en me rejoignant. C'est elle et ce n'est plus elle.

Elle me dira qu'elle a perdu vingt kilos. Mais c'est autre chose, c'est la vie partie en catastrophe, la maison des chiens, des chats, des crêpes, de la petite fille qui court, de Kevin qui dort à l'étage, tout ce que j'ai raconté au début, sans savoir à quel point c'était menacé, qui a volé en éclats. Pas littéralement : chiens, chats, maison sont toujours là, et Malia, sa petite fille, aussi – ça va, me dit tout de suite Tricia, le drame, ce n'est pas elle –, mais ce qu'elle commence à me raconter ressemble à l'arrivée de l'hiver sur les arbres : le décor est le même, sauf qu'il n'y a plus de couleurs. Elle a rompu avec Kevin en mars dernier. Elle était tombée amoureuse d'un autre garçon, un garçon qui lui écrivait des mots d'amour comme elle n'en avait jamais lu, qui lui a fait découvrir la passion, lui a donné l'impression de renaître. Après toute la violence qu'elle avait connue dans son adolescence, elle s'était construit un refuge et, peut-être, commençait à y étouffer. Il lui offrait d'en sortir, de se laisser emporter.

Elle a été heureuse, alors. Ça a duré quelques semaines, après quoi un autre visage de ce garçon est apparu, un visage dur, un regard sur elle qui paraissait émerveillé un jour, et qui le lendemain se faisait méprisant. Un « pervers narcissique », me dit-elle. L'expression est tellement à la mode qu'elle finit par ne plus vouloir dire grand-chose, comme « résilient », et pourtant, elle colle bien à ce qu'elle me décrit, à la volonté de la dominer qui se fait jour.

Un soir, il attrape un couteau et s'approche d'elle. Un autre, après une première tentative de rupture, elle remarque, en rentrant à la maison après avoir récupéré Malia, qu'une voiture la suit. Elle croit l'avoir semée, rentre en claquant la porte, monte à l'étage déposer Malia dans sa chambre. Lorsqu'elle redescend, il est assis dans le salon et lui parle avec cette douceur un peu ironique de ceux qu'il faut bien appeler, en effet, des pervers. Elle est tétanisée. Un autre mot lui vient : psychopathe.

Malgré cela, elle se remet bientôt avec lui. Il lui demande pardon pour les menaces, les insultes. Il va changer. Elle ne sait pas si elle peut le croire. Elle cède quand même. Sa vie est déjà en lambeaux, que risque-t-elle de plus ? Quand elle était séparée de lui, elle a espéré renouer avec Kevin. Mais, blessé, humilié sans doute, le père de Malia n'a pas voulu en entendre parler. Il est retourné vivre chez ses parents. Il prend Malia le week-end et pendant les vacances. Cela se passe bien. C'est tout. Il affirme qu'il ne peut plus l'aimer. Elle me dit, aujourd'hui, qu'il reste l'homme de sa vie et qu'elle fera tout pour le reconquérir.

Elle a rompu une deuxième fois avec le psychopathe il y a moins d'un mois. Elle pense que c'est la bonne. Elle a compris qu'en se remettant avec lui, elle ne faisait que se détruire et désormais le dégoût l'emporte. Le désir de vivre aussi. Avant cette rupture, elle s'est « griffé » les poignets. Un geste de fatigue, de dégoût justement, m'explique-t-elle. Elle n'a pas du tout envie de mourir. Elle n'infligera jamais à Malia le désespoir qu'elle a si bien connu, ce « noir » qui a tout envahi quand sa propre mère est morte. Malia a 3 ans. Elle a fait sa première rentrée à l'école en septembre. L'institutrice a dit à Tricia que ça se passait bien. Même à la maison, elle est toujours aussi vive, joueuse, curieuse de tout.

C'est ce que Tricia veut préserver à tout prix. Elle ne doit plus revoir ce garçon, répète-t-elle. Elle sait bien que la gaieté des enfants s'abîme, que même à 3 ans on peut découvrir la cruauté, la brutalité des hommes. Il arrive déjà à Malia de consoler sa mère, que cela affole. Elle me raconte cette fois où, alors qu'elle lui donnait son bain, elle s'est écartée de sa petite fille parce qu'elle ne pouvait pas refouler ses larmes. Mais Malia a compris. Et, ouvrant ses bras aussi grand que possible, a serré sa mère contre elle.

Elle ne veut pas que sa petite fille la console. Elle ne veut pas que le désastre tourne en boucle dans sa vie. Elle veut vivre, renvoyer ce garçon à son néant, retrouver Kevin, peut-être. Et consoler Malia parce qu'elle a envie de jambon et que ce n'est pas l'heure, parce qu'elle est tombée en courant derrière un chat, parce que les enfants ont des chagrins brusques et légers, qui passent. Quand elle s'apprête à me quitter – Malia est chez son père, mais elle est épuisée, elle va aller s'écrouler –, Tricia me répète qu'elle sait très bien ce qu'elle a laissé derrière elle, et qu'elle en est sortie pour de bon. Elle le doit à Malia. Il n'y aurait qu'un malheur irréparable : que tout recommence.

Chacun à son tour, tous m'ont dit la même chose en ce mois d'octobre, conscients de ne pouvoir échapper aux hauts et aux bas, aux assauts de tristesse et aux drames dont aucune vie n'est exemptée. Mais ce n'étaient pas cette fragilité de la vie, cette expérience commune de l'incertitude qui étaient devant eux quand ils subissaient la violence, l'abandon, le deuil et qu'ils ne pouvaient rien imaginer d'autre : c'était le « noir », aurait dit Tricia, la répétition inlassable du pire, cette solidité obtuse de la fatalité, qui n'a ni haut ni bas, qui ne vous réserve ni assaut ni surprise. La fatalité ne vous prend pas en traître. Elle vous tient bien serré et c'est aussi pour cela que certains perdent l'envie d'en sortir. Elle est là, familière, connue depuis toujours. Elle apaise, parfois. Il y a de l'inconnu dehors.

Tricia, Schouka, Audrey, Souleymane et Jimmy ont ceci en commun qu'ils se sont frottés à cet inconnu et qu'ils n'ont pas l'intention de lâcher l'affaire. C'est le trésor qu'ils ont entre les mains, quoi qu'il advienne. J'ai trouvé Tricia plus forte que ses sms et notre coup de fil ne me l'avaient laissé imaginer. Défaite, ravagée par l'angoisse, le sentiment du gâchis, la peur peut-être, puisqu'il y a dans les parages un garçon qui voudrait la détruire. Mais elle tient à quelque chose.

Adolescente, la mort de sa mère l'avait jetée dans le vide. Plus rien n'existait. Tout désormais existe puissamment autour d'elle. Et elle avec. Il y a un centre de gravité dans sa vie. Elle a eu le sentiment de renaître le jour où on a déposé sa nouveau-née sur son ventre, à la maternité. Elle aime Malia, et elle aime la renaissance avec Malia, la lumière qui a explosé dans sa vie quand Malia est apparue. Elle a fait, comme les quatre autres, l'expérience incomparable d'une libération qui ne s'arrête plus, qui se confond pour eux désormais avec le fait même de vivre.

J'ai raconté le temps que ça prend, les étapes, les miracles et les détours, le côtoiement des gouffres, les gens qui vous tiennent la main pour que vous ne tombiez pas, les moments où vous tombez quand même, et comment on se relève, comment l'imprévu surgit quand le programme s'enraye, et que vous pouvez fuir, courir devant, vers les lointains. Ce qui suit n'est pas le bonheur, pas toujours, pas tout le temps, cela va de soi. Mais c'est une vie, celle que les coups, les abus, les viols, l'humiliation cessent de définir, celle à laquelle, dès lors, vous donnez une forme que vous avez choisie, autant qu'il est possible de choisir, dans cet espace que chacun de nous doit apprendre à créer entre les nécessités, les hasards, les limites, les violences.

Ce livre pourrait ne pas avoir de fin. J'aimerais raconter ce que sera la vie de Tricia dans cinq ans, dans vingt ans, quand le psychopathe sera à peine un souvenir, quand Malia sera grande et ne saura plus qu'elle a serré sa mère contre elle, un soir de bain. Il y a devant moi des décennies de récits que je ne ferai pas. Des chemins se sont ouverts en mon absence, ou non, ou bien cela viendra plus tard, ou alors ils s'esquissent déjà, sans qu'on puisse les deviner. Je ne verrai pas où ils mènent.

Où vivra Jimmy, dans vingt ans ? Au téléphone, il me dit avoir commencé à économiser pour acheter un terrain dans le Nord du Brésil, la région d'origine de son compagnon, Thiago*, qu'il a rencontré début 2023 à Marseille, lors d'un concert de samba. Jimmy a toujours été pudique sur sa vie amoureuse, restant dans le vague quand j'abordais le sujet. Qu'il m'en parle aussi simplement montre que quelque chose de neuf vient de se produire. Quoi qu'il imagine, il l'imagine dorénavant avec Thiago, et, d'abord, ce rêve brésilien. Il est retourné à Rio depuis notre rencontre, sans Thiago, qui n'a pas de papiers, bien qu'il occupe un emploi stable, en CDI – il fait le ménage dans un cabinet médical. Jimmy voudrait y retourner avec lui pour s'y installer un an ou deux, trouver un lieu pour eux, s'y ancrer, changer une nouvelle fois de vie, peut-être. Mais ce projet est suspendu à la régularisation de Thiago, affaire complexe, qui traîne.

Il en va ainsi de tout, en ce moment, dans la vie de Jimmy. Il vient d'avoir 27 ans, et il se retrouve à un carrefour. L'éducation spécialisée, le diplôme qu'il m'avait dit vouloir obtenir, pour trouver un peu de stabilité ? Oubliés. Il continue de s'occuper de travailleurs handicapés à l'ESAT mais, quand il m'en parle, j'ai l'impression que c'est une affaire de mois avant qu'il ne laisse tomber. Il avait pris ce poste au temps du Covid, alors qu'il ne pouvait plus donner de cours de samba ni de concerts. Depuis, tout a repris et il n'arrête plus. Il travaille à l'ESAT de 8 heures à 17 heures. À 17 heures, trois jours par semaine, il file donner ses cours, rentre à minuit. Le week-end, concerts, animations de fêtes, parades.

Abandonner l'ESAT, ce serait sauter dans le vide. Il a calculé qu'il touchait 800 euros par mois avec la musique. Trop peu : ce serait replonger dans la pauvreté. Et que se passerait-il si soudain, de nouveau, il avait moins d'engagements ? Mais il sait qu'en réalité, sortir de cet emploi du temps intenable lui permettrait d'en trouver d'autres. Il a commencé à faire de la production, pour d'autres musiciens. Peut-il s'en occuper aussi bien qu'il le voudrait, en vivant à ce rythme ? Et puisque l'idée de devenir éducateur s'estompe, puisqu'il prend conscience que ce n'était qu'une manière de se rassurer, le nœud gordien est déjà tranché. Ce sera la musique, la musique seulement, et par elle, le Brésil.

Voilà, en tout cas, quel Jimmy j'ai en tête aujourd'hui, début décembre 2023. Ce livre va se refermer sur cette version. Se sera-t-elle réalisée quand il paraîtra ? Peut-être un autre Jimmy, imprévisible à ce jour, aura-t-il surgi entre-temps. Raconter l'histoire des gens, c'est fixer des éléments de leur passé, les suivre quelque temps, deux ans en l'occurrence, et, pour la suite, faire des hypothèses au petit bonheur. Je n'aimerais pas trop être contredit à propos de Jimmy : cet avenir est ce que je lui souhaite. Mais il faut accepter de l'être. Il y a une sorte de douceur dans l'idée que les récits peuvent être débordés par la réalité qu'ils prétendent saisir. Écrire la vérité ne suffit pas. Elle est plus vaste que ce qu'on peut en dire.

Schouka, avec qui j'avais rendez-vous avant de retrouver Tricia, dans le même café que la dernière fois, m'attendait juste à côté, devant le restaurant où travaille son père. Peut-être en sortait-elle. Son père, dans toutes les hypothèses, fera partie de son avenir, cela me semble aussi évident que le fait que sa mère, elle, n'en sera pas. Elle est toujours aussi proche de lui, plus encore sans doute. L'idée qu'il a été, lui aussi, dans une mesure bien sûr différente, la victime de sa mère occupe une place importante dans l'esprit de Schouka. Il est quelqu'un qui doit être réparé, comme elle. Et ça marche, comme pour elle. Ils sont compagnons de détresse et de guérison.

Il y a eu des moments difficiles, ces derniers mois. D'où son silence, m'explique-t-elle, en me demandant de l'excuser. Elle était trop inquiète. Question de fierté, sans doute : j'étais celui à qui elle avait montré sa force, elle ne me voulait pas comme témoin de sa faiblesse. Mais elle accepte de m'en parler aujourd'hui. Il y a, cette fois encore, un pervers narcissique dans l'histoire : c'est le terme qu'elle emploie pour décrire son compagnon, avec qui elle a rompu il y a un peu plus d'un an, après cinq années de vie commune. Il devenait de plus en plus destructeur, invivable. Elle lui a demandé de partir.

Moyennant quoi, elle devait assumer seule le loyer de l'appartement. Pire encore, il a fallu changer le bail, et la propriétaire a conditionné le nouveau à un contrat en CDI. Schouka, à ce moment-là, vivait de ses cours de danse, de sa petite entreprise de couture, d'aides, parfois d'extras dans la restauration. Elle est allée expliquer sa situation au patron d'une boutique de produits bio qui cherchait quelqu'un. Ça a marché, mais elle s'y est vite épuisée, ou était trop déstabilisée par sa rupture et surtout, sans doute, par ce qui l'a précédée : elle a fait un burn out au bout de trois mois. Long arrêt, démission. La couture, elle n'avait plus la force non plus. Il n'y a que la danse qu'elle n'a pas laissé tomber. À 300 euros par mois, cela ne suffisait pas. On était début 2023. Elle devait repartir de zéro.

À la fin de son dernier contrat aidé, la Mission locale qui l'employait aurait bien voulu la garder mais elle n'avait pas le budget pour créer un poste. Elle y retourne, sans autre espoir que celui de trouver une aide ou un petit boulot chez un partenaire. Et puis, tout recommence. Tout ce qu'elle me disait regretter de ne plus connaître, le truc qu'on attrape au passage, le coup de bol, les bonnes personnes qui apparaissent tout à coup, au bon moment. Soit, ce jour-là, un budget, que la Mission vient d'obtenir.

Schouka ne leur ayant pas donné de nouvelles depuis un moment, les responsables imaginaient qu'elle n'avait pas besoin d'eux et n'ont pas pensé à lui en parler. Elle est en galère ? Parfait. Elle est embauchée début mars. Un CDD d'un an, pour animer les réseaux sociaux, s'occuper de la communication, faire connaître les nombreuses activités de la Mission à travers le Luberon, aider à trouver des partenaires. Tout ce qu'elle aime. Elle va bientôt suivre une formation de community manager. Dans quelques mois, si tout va bien, elle obtiendra un CDI.

Entre-temps, elle a rencontré un garçon. Il est doux, gentil, le contraire du précédent. Il a eu une adolescence difficile, a vécu dans la rue, s'est retrouvé dans des trafics, dont il a réussi à s'arracher en quittant sa région. Il est commis dans un restaurant, mais s'apprête à faire une formation de carreleur, pour s'installer à son compte. Schouka est heureuse, elle répète qu'elle sait ce que c'est qu'être heureuse, elle veut dire : désormais, elle le sait. Même quand ça va moins bien, ajoute-t-elle avec un petit rire, elle est encore heureuse.

Le bonheur hésite. C'est une possibilité ouverte, qui s'annonce et s'effondre, qui paraît inaccessible et tout à coup s'impose, qui vole en éclats et renaît, qui tournoie à travers la vie. Audrey, quand je réussis à l'avoir au téléphone, évoque à son tour des moments difficiles, une dépression, un amour qui paraissait solide et qui n'a pas marché, la mort de son oncle du Luberon, celui qui s'occupait d'elle dans son enfance avec sa femme, décédée depuis des années, et ce soir de Noël où tout le monde était réuni, le frère d'Audrey, sa mère, lui. Le premier Noël en famille depuis des années. Quelques semaines plus tard, il attrape le Covid. Il a 68 ans, est atteint d'un cancer. Il est emporté en quelques jours.

Elle ne s'habitue pas à sa mort. Cela fera deux ans en janvier. Elle me dit qu'il était important qu'elle m'en parle, qu'il faut que son oncle soit dans ce livre.

Il y est. Il y représente la famille qu'elle n'a pas eue, le père absent, décevant surtout, dont il tenait un peu le rôle, mais celui de la mère aussi, d'une autre mère que la sienne, qui ne serait pas cette personne qu'on aime mais, si l'on s'appuie sur elle, on s'effondre. Il était celui qu'elle appelait pour tout et rien, quand elle ne savait plus où aller, que faire, que choisir.

Il y avait Nicolas, son éducateur, celui du premier jour aux Matins bleus, et lui. Nicolas qui, me dit-elle, est plus qu'un éducateur pour elle, et qui lui a dit, récemment : « Je ne te laisserai jamais tomber. » Son oncle, de même, était plus qu'un oncle pour elle. Mais il a bien fallu qu'il la laisse tomber. C'était cela la dépression : se sentir seule face à la vie, malgré Nicolas. Elle ne fête pas Noël avec Nicolas, c'est autre chose. Elle a aimé Les Matins bleus, la vie en foyer, tous ces gens qui s'occupaient d'elle. Mais elle aurait bien voulu avoir une famille, quand même.

Et puis il y a eu cette histoire de petit copain, dont elle a cru qu'il était le bon, mais non, il y avait trop de différences entre eux, il ne lui donnait pas ce qu'elle voulait. C'est elle qui a rompu, et cela, c'est la première fois. Jusque-là, elle était toujours restée jusqu'au bout, même quand les garçons, comme elle me l'avait dit, n'étaient pas de « bons garçons ». Son oncle, justement, l'engueulait, lui disait de partir. Elle n'y arrivait pas. Cette fois, oui, et elle en est contente. Pour l'instant, elle ne veut pas faire de nouvelles rencontres. Elle s'occupe d'elle-même. Elle refait la décoration de son appartement. Pendant des années, elle n'a touché à rien. Elle ose enfin, me dit-elle, avoir un chez-soi. C'est comme ça qu'elle a réussi à sortir de sa dépression : en s'installant, en acceptant enfin d'être là où elle est et de s'en sentir digne.

Au travail aussi, il y a eu un peu de remue-ménage. Elle est à toujours à la MAS, et persiste à aimer travailler avec des handicapés lourds, mais elle a douté. Elle a commencé une formation pour devenir masseuse, tout en continuant à la MAS. Elle aurait aimé faire les deux, se spécialiser peut-être dans le massage pour handicapés. Elle est allée au bout de la formation, mais pas au bout du diplôme. Elle devait repasser une épreuve, elle y a finalement renoncé. Fausse route. Ce n'est pas grave.

Elle devait essayer, me dit-elle, vérifier s'il ne fallait pas aller voir ailleurs. Le test a été concluant : elle reste où elle est. Elle a suffisamment changé comme ça. En mars, après des années de refus de sa part, de précarité choisie, comme si elle devait toujours se préparer à fuir, elle a finalement signé le CDI que lui a tant proposé la MAS. Son travail lui plaît, elle n'en veut pas d'autre. Son appartement lui plaît, elle s'y pose enfin. Qu'y a-t-il d'autre à conquérir, que cette acceptation, ce oui à la réalité, à soi-même, à la chance qu'on a tous au bout du compte d'être là, vivants, debout ?

À mesure que je m'éloigne, c'est ce oui que j'entends résonner, ce oui que chacun d'eux m'aura répété au long de leurs récits, ce désir que rien n'abat, et qui vous pousse en avant. Le oui de Tricia, ce oui bouleversant à la vie, même quand elle est moche. Le oui qui pousse

Jimmy sur les routes, et au-delà des mers. Le oui de Schouka au bonheur. Le oui d'Audrey à Audrey. Et le rire éclatant de Souleymane quand je le retrouve à une terrasse de sa petite ville et qu'il me dit qu'il s'en est passé, des choses, depuis la dernière fois, ce rire qui ponctue ses phrases pendant qu'il me parle de la Côte d'Ivoire, où il est retourné un mois après notre première rencontre, et de tout le reste. Ce rire qui est chez lui comme une ponctuation, et ses yeux brillent à l'unisson, et quoi qu'il me raconte, c'est toujours gai, et c'est toujours oui.

Là-bas, il a retrouvé sa petite sœur. Ça n'a pas été simple. Elle s'est mariée très jeune et vit, avec son mari et son enfant, loin d'Abidjan. Seulement, Souleymane sait agiter un réseau et cela aussi l'amuse beaucoup : les ficelles qu'il a tirées en France et en Afrique, les jours passés, sur place, à rencontrer des amis d'amis d'amis, à remonter lentement la piste, puis à débarquer dans la maison de sa sœur, dont il n'avait pas eu de nouvelles depuis qu'il avait quitté le pays, il y a plus de sept ans maintenant. Il a passé trois semaines auprès d'elle. Il est retourné la voir cette année. Ils ne se perdront plus, désormais, bien qu'il pense attendre davantage maintenant avant d'y retourner. Elle a sa vie ivoirienne. Il a sa vie française. Il se sent loin, à jamais différent. Et cela aussi, de comprendre à quel point il est devenu un petit Français, le fait rire.

Après la Côte d'Ivoire, quelque chose s'est brièvement détraqué dans son parcours. Il n'avait plus assez pour vivre avec ce que lui rapportait son travail en alternance dans une boutique. Il a décidé de ne pas commencer sa deuxième année de BTS à la rentrée suivante, pour pouvoir travailler à plein temps. Son contrat jeune majeur approchant de son terme, il en a profité pour déménager. Il était chez lui, il avait son travail, auquel il ajoutait des extras, le week-end, dans une boulangerie. Il était autonome, et il aimait ça. Il finissait même par bien gagner sa vie. Pourtant, il dépensait le moins possible, économisant tout ce qu'il pouvait : il n'était pas concevable pour lui de ne pas reprendre ses études à un moment ou un autre. Ce qu'il a fait à la rentrée 2023, avec l'aide de son patron, qui a décidé de lui verser un salaire normal malgré l'alternance.

Il sera diplômé au printemps. Il pourrait alors diriger la boutique où il travaille, comme son patron le lui avait proposé. La petite ville où il vit est agréable, sa compagne a une petite entreprise, ils vivraient très bien, pourraient faire souche, et ce serait déjà un accomplissement étonnant, moins de dix ans après qu'il a débarqué en France. Mais c'est déjà acquis, et donc cela ne peut pas suffire à Souleymane.

Il a des amis qui font des études de droit. Ils en parlent souvent, il les fait même travailler, et commence, parfois, à leur expliquer des choses qu'ils comprennent mal. Il s'est inscrit dans deux bibliothèques, lit des textes juridiques. Quelqu'un lui a offert un Code civil commenté. Il aime parler, argumenter, il ne lâche jamais l'affaire quand il n'est pas d'accord, ou quand il a l'impression qu'il y a un loup. C'est ce que

Géraldine, qui l'a aidé à obtenir ses papiers, m'avait dit : il déteste l'injustice. Il veut consacrer sa vie à la combattre. Il sera avocat. À la rentrée 2024, il compte s'inscrire dans une faculté de droit. Il aura ses économies, sa compagne l'aidera. Elle est d'accord. Elle le sait bien, qu'on ne retient pas Souleymane.

Je n'ai pas revu Bob, le garçon qui aboyait et miaulait au lieu de parler. C'est loin, cette histoire d'aboiements, me disent Claude Robin et Philippe Ribellès, que je retrouve dans le bureau du directeur des Matins bleus, à Saint-Rémy-de-Provence. Il y a deux ans, quand Bob avait poussé la porte de la salle de réunion où je discutais avec eux et avait poliment demandé à Claude s'il pouvait lui dire un mot, j'avais pu constater qu'il s'exprimait déjà très bien. À 15 ans, il souffre toujours d'une déficience mentale, mais « qu'on peut dire légère maintenant », précise le directeur des Matins bleus. Philippe ajoute : « Il continue d'évoluer de manière spectaculaire. »

Pour le reste, le tableau qu'ils dressent du métier, plus d'un an après notre dernière conversation, s'est encore assombri. C'est ce que je n'ai cessé d'entendre pendant que j'écrivais, comme un bruit de fond de plus en plus insistant : partout, des fissures apparaissent dans un système confronté à la fois à une hausse des cas de maltraitance et à une baisse de ses moyens financiers, mais aussi humains, les difficultés de recrutement s'accroissant de manière continue depuis le début de la pandémie de Covid.

Les effets de cette crise sont dévastateurs. Des unités ferment, faute de personnel. Dans les foyers d'urgence de l'ASE, dont le rôle est capital pour éloigner de leurs familles les enfants les plus immédiatement en danger, le nombre de places diminue, laissant des Jimmy, des Schouka aux mains de leurs parents. De nombreux départements se disent débordés par l'afflux de mineurs étrangers isolés, incapables de les prendre tous en charge, comme ils en ont l'obligation. Que deviendrait Souleymane aujourd'hui, s'il n'y avait personne pour lui ?

Les éducateurs font ce qu'ils peuvent, essaient au coup par coup de trouver des hébergements aux mineurs isolés, passent aussi souvent que possible dans les familles soupçonnées de maltraitances. Mais les hébergements saturent, et quoi qu'ils voient dans les familles, ils sont souvent obligés de repartir sans avoir de solution à apporter. Alors, l'horreur reprend, et ils n'y peuvent rien. On ne répare pas les enfants avec des rustines.

Même dans les foyers associatifs, ceux qui, comme Les Matins bleus, viennent en général après l'urgence, la situation se tend, dans les villes surtout. Claude et Philippe me parlent de la pression qu'exercent sur les adolescents, à Marseille, à Avignon, le trafic de drogue et les réseaux de prostitution. Retirés d'un milieu familial dangereux, ils se retrouvent dans une situation qui peut l'être encore plus. C'est une vague puissante, qui ébranle les murs des foyers et emporte beaucoup de gamins séduits par des gains faciles, face à des éducateurs démunis, confrontés à plus forts qu'eux. Les Matins bleus, implantés dans des petites villes et des villages, résistent encore au phénomène, de même que l'association échappe aux difficultés de recrutement, ayant réussi à constituer une équipe fidèle, avec des éducateurs présents parfois depuis des décennies. Mais pour combien de temps ?

Claude et Philippe s'approchent de la retraite. Cela tiendra bien jusque-là, se disent-ils. Nul ne sait en revanche ce qui peut se passer ensuite, alors que, pendant ce temps, la crise de la psychiatrie, en particulier juvénile, ne cesse, elle aussi, de s'aggraver, et qu'ils ont affaire à des cas toujours plus lourds. « Et encore, me dit Claude, c'est quelque chose que nous avons appris à gérer. Mais nous voyons aussi arriver de plus en plus d'enfants souffrant de déficience intellectuelle, avec de vrais troubles, de vrais retards. On ne peut pas traiter ça comme on traite les problèmes psychiatriques. C'est autre chose. J'essaie de faire travailler les équipes sur le sujet. »

Les menaces montent de toutes parts. Ce qui a rendu possibles les histoires que j'ai racontées, ces vies imprévues, arrachées à la reproduction de la violence et du désespoir, est comme cerné par un chaos qui se généralise, et tout cela peut disparaître. La force, l'invention, le rebond irrépressibles de Tricia, de Jimmy, de Schouka, d'Audrey, de Souleymane sont à eux, sont eux, mais tout cela est né ici, aux Matins bleus, dans ces foyers où, comme dans d'autres bien sûr – mais combien désormais ? –, on a pris le temps de les laisser devenir ce qu'ils sont, en acceptant la singularité de chacun, en disant oui, tu es là, tu vas y rester, tu es chez toi, on va t'accompagner là où tu veux aller. Oui – encore. Ce oui qui a permis le leur. C'est ce qu'il s'agit de sauver. Que vaudrons-nous, si nous ne sommes plus capables de créer et de préserver de tels espaces ? Si nous laissons se perdre, par indifférence ou aveuglement sur la réalité intime des faits sociaux, l'art de déprogrammer les destins ?

Les éducateurs que je croise, Nicolas, Bernadette, Nelly et les autres, me parlent d'enfants qui avancent, qui se consolident, qui échappent peu à peu à un passé parfois atroce. Pas tous, nous sommes loin du compte, de plus en plus loin, mais ces histoires-là continuent d'exister, au milieu des drames, et elles nous rappellent que tout demeure possible.

C'est en pensant à elles que, dans le bureau des Matins bleus, avant de rentrer chez moi après ce long voyage à travers la vie des autres, je reviens une dernière fois à Bob, à l'avenir qui se dessine pour lui, miracle de plus, le plus extravagant de tous peut-être, tant il semblait pris dans la mécanique de la fatalité. Je demande à Claude et Philippe :

« La dernière fois, vous m'aviez dit qu'il venait de perdre sa grand-mère, le seul élément solide d'une famille catastrophique, et que cela vous avait inquiétés. Il y a eu des suites ?

— Ça l'a déstabilisé, raconte Philippe, mais en même temps, ça a marqué une étape. Il s'est davantage pris en charge. Il s'est risqué un peu plus à l'extérieur.

C'était ça, son problème. Maintenant, il le fait, petit à petit, mais il le fait.

— Le risque, depuis le début, ajoute Claude, était qu'il passe du côté de la pathologie mentale. C'est là où il était limite. Ça n'a pas été le cas.

— Vous croyiez que ce serait possible, quand il est arrivé ?

— Je pensais que c'était mal barré, reconnaît Claude. Je me suis dit : on est loin de ce qu'on fait, normalement, dans une maison d'enfants. Mais on est toujours dans la même idée : on tente. Parce que, l'expérience que l'on a, c'est que quand on dit "on tente", deux fois sur trois, ça marche. Avec lui, on était devant quelque chose de hors norme, qui nous déstabilisait. Le premier moment où on le voit... Bon. Mais après, tout de suite, les éducateurs sont dans l'empathie, ils ne voient pas en lui qu'un phénomène, et ça marche. En le voyant différemment, il est devenu différent.

— Il a une scolarité ?

— Il est dans un IMPro, un Institut médico-professionnel, répond Philippe. C'est une structure pour enfants déficients intellectuels. On leur fait découvrir des métiers. Ils font beaucoup de jardinage, de la cuisine, des choses comme ça. Ils essaient plusieurs choses avant, éventuellement, d'entrer dans un ESAT, pour voir ce qui leur conviendrait, en fonction des métiers qui y sont pratiqués.

— Il est destiné à rester dans ce genre de structures ?

— Je pense. En tout cas, dans un premier temps. Après, s'il continue à évoluer, et je pense qu'il continuera, pourquoi ne pas être autonome un jour ? Ça viendra quand ça viendra. C'est ce que tout le monde doit comprendre, les éducateurs comme l'extérieur : il faut respecter le temps. Mais je crois qu'il peut. Il évolue si vite. En ce moment, il a une lubie. Il veut rester à l'internat de son IMPro, au lieu de rentrer tous les soirs au foyer. On est en train d'en discuter. On verra.

— Vous savez pourquoi ?

— Il a des copains là-bas. J'ai cru comprendre qu'il avait aussi une petite amie.

— Il commence à se détacher de vous…

— Oui. C'est bien. Il a sa vie. »

Remerciements

Quant à moi, j'ai eu beaucoup de chance.

Celle, d'abord, de faire partie de la rédaction du *Monde*, et d'y avoir bénéficié de la générosité de Nicolas Chapuis et Pierre Jaxel-Truer, qui coordonnaient les « Fragments de France ». Je leur en suis vivement reconnaissant, comme à Jérôme Fenoglio et Caroline Monnot, dont la confiance m'oblige. Et – au point de départ de tout – à Jean Birnbaum, qui a cru en moi bien avant moi.

Celle de recevoir, après avoir publié mon « Fragment de France », un mot de l'éditrice Juliette Joste, chez Grasset, me disant que ces histoires méritaient peut-être d'être racontées plus longuement. Je n'aurais pu imaginer ce livre sans son impulsion ni en venir à bout sans son soutien, ses conseils. Sa relecture fine, comme celle de Simon Labrosse, a beaucoup apporté au texte.

La confiance et l'accueil d'Olivier Nora, Jean-Marc Levent et Hélène Szuszkin m'ont aussi donné la force de continuer.

Celle de travailler avec Marie-Claude Deville, qui a bien voulu transcrire une partie des entretiens et a accompli cette tâche mieux que je ne l'aurais fait.

Celle de découvrir Les Matins bleus, qui ont donné tout son sens à mon idée de départ, et n'ont cessé de l'enrichir. Cher Claude Robin, cher Philippe Ribellès, la manière dont vous m'avez reçu, la richesse de vos récits et de vos analyses du métier ont permis ce livre et m'ont valu d'y travailler avec un plaisir jamais démenti. J'espère qu'il ne vous paraîtra pas trop infidèle.

Je ne peux nommer tous les éducateurs, les personnels de maisons d'éducation et les anciens pensionnaires qui, aux Matins bleus et ailleurs, ont bien voulu me parler. Je les ai tous en tête en disant ma gratitude à Nelly et Géraldine, et à Bernadette et Nicolas, qui ont été de constants soutiens et, d'abord, des sources d'inspiration plus précieuses encore qu'ils ne peuvent l'imaginer.

Audrey, Jimmy, Schouka, Souleymane, Tricia, mon admiration et mon affection sont présentes à chaque page de ce livre. J'espère que vous les ressentirez, et me pardonnerez les approximations et les erreurs que j'ai peut-être commises.

J'espère que tout ira bien, et que vous me raconterez ça un jour.

Cet ouvrage a été imprimé par
CPI Firmin-Didot au Mesnil-sur-l'Estrée
pour le compte des Éditions Grasset
en février 2024

Mise en pages
PCA 44400 Rezé

PAPIER CERTIFIÉ

Grasset s'engage pour l'environnement en réduisant l'empreinte carbone de ses livres. Celle de cet exemplaire est de :
400 g éq. CO_2
Rendez-vous sur
www.grasset-durable.fr

N° d'édition : 23130 – N° d'impression : 178469
Dépôt légal : mars 2024
Imprimé en France